9407 S. stant.

RECHERCHES

SUR

LES RENTES, LES EMPRUNTS

ET LES REMBOURSEMENS.

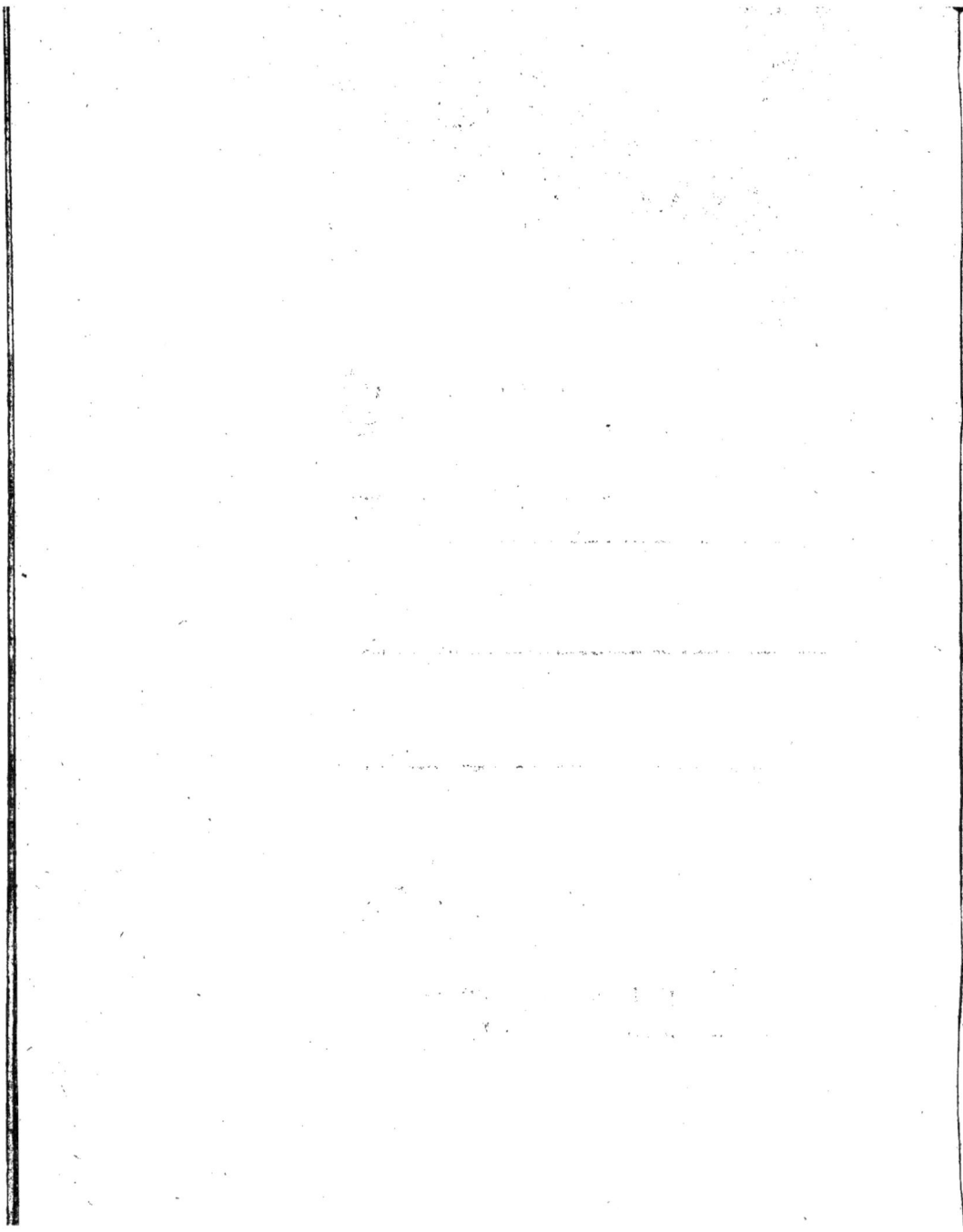

RECHERCHES

SUR

LES RENTES, LES EMPRUNTS

ET LES REMBOURSEMENS.

D'où réfultent, 1°. Des formes d'emprunts, moins onéreuſes à l'emprunteur, & en même temps plus avantageuſes aux créanciers accumulateurs, que ne le font les différentes formes d'emprunts publics employées juſqu'à préſent. 2°. Des converſions de rembourſemens, qui réuniſſent ces deux avantages, ſurtout, lorſque le débiteur renonce à emprunter de nouveaux capitaux.

PAR M. DU VILLARD.

৯৵৵৵৶

A PARIS,

Chez l'Auteur, rue Poupée, N°. 6, & chez les principaux Libraires.
A GENEVE,
Chez FRANÇ. DUFART, Imprimeur-Libraire.

M. DCC. LXXXVII.

Imprimé ſous le privilège accordé à l'Académie Royale des Sciences de Paris.

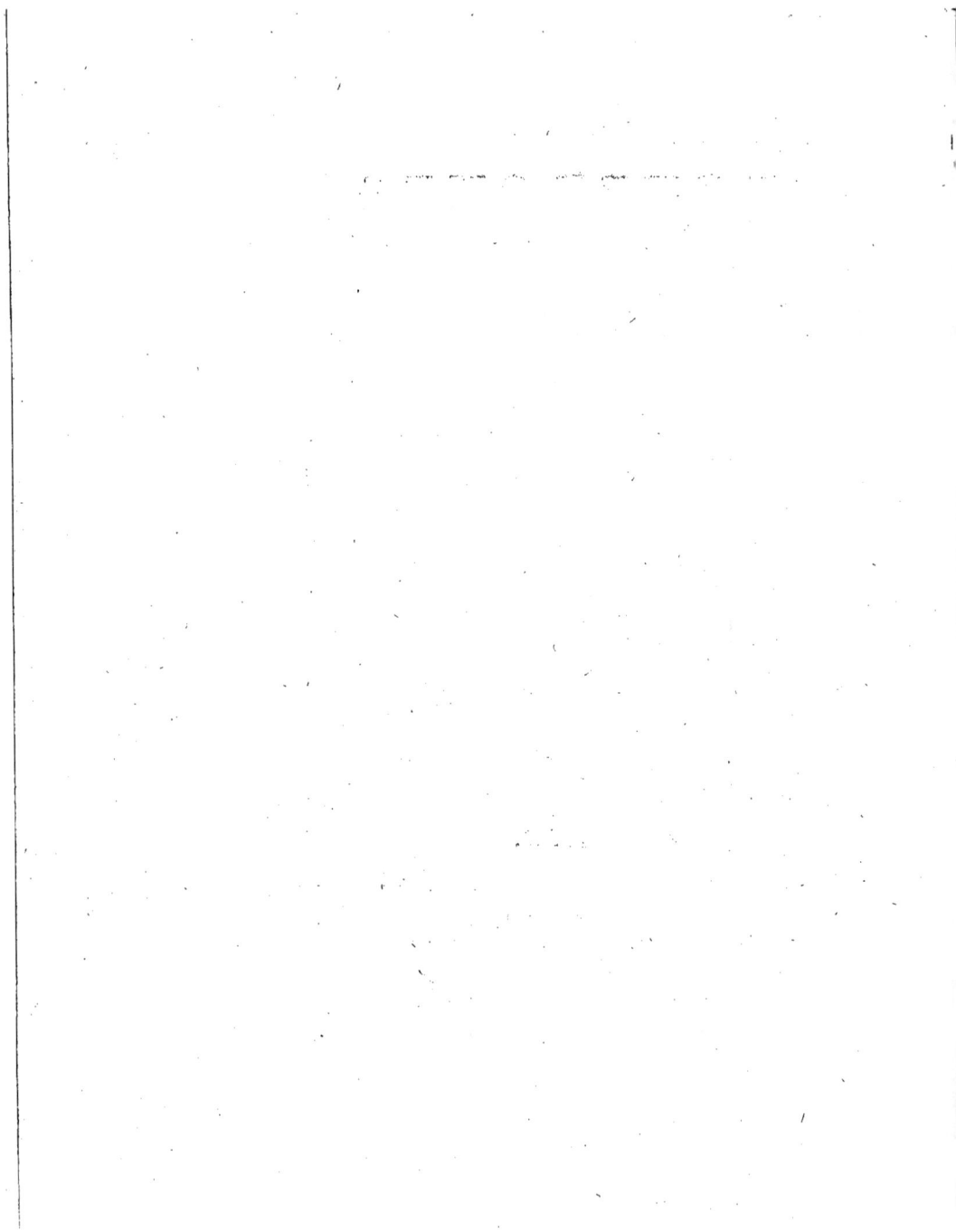

EXTRAIT

DES RÉGISTRES

DE L'ACADEMIE ROYALE DES SCIENCES;

Du 2 Septembre 1786.

Nous, Commiffaires nommés par l'Académie, M. COUSIN & moi, avons examiné un Ouvrage intitulé :

Recherches fur les Rentes, les Emprunts & les Rembourfemens ; par M. Du Villard.

Cet ouvrage renferme une théorie des Emprunts remb ourfables par des annuités conftantes ou variables, viagères ou à terme fixe.

L'Auteur, en faifant ufage des formules connues, y applique plufieurs méthodes qui en facilitent le calcul & lui donnent, avec moins de travail que par les méthodes ordinaires, des folutions plus approchées.

Il a de plus, dans la folution des différentes queftions qu'il traite, eu égard à une circonftance qu'on néglige ordinairement dans ces calculs. C'eft que lorfqu'un emprunt n'eft pas au taux commun des emprunts, il eft très-poffible que celui qui a prêté & qui reçoit chaque année des rembourfemens fucceffifs & partiels de fon capital, ne trouve pas toujours à les replacer au même taux que celui de l'emprunt. Il réfulte de cette obfervation que, le *denier* payé par l'emprunteur reftant le même, la diftribution de ces remboursemens succeffifs peut être plus ou moins avantageufe pour le prêteur ; d'où l'on peut conclure , qu'en choififfant la diftribution la plus favorable , l'emprunteur peut réellement trouver à emprunter à un *denier* moindre.

L'Auteur détermine , pour le cas des annuités conftantes à terme fixe , le nombre d'années auquel correfpond le *maximum* de cet avantage pour le prêteur.

La partie de l'ouvrage où il s'occupe de développer les conféquences qui réfultent de cette hypothèfe eft la plus étendue & celle qui lui appartient le plus entièrement.

Nous croyons que la publication de cet ouvrage peut être utile , qu'il contient des vues nouvelles fur la folution de plufieurs queftions ; que la partie analytique annonce des connoiffances étendues & l'habitude de manier le calcul avec facilité & avec adreffe , & qu'ainfi il mérite l'approbation de l'Académie , & d'être imprimé fous fon privilège.

Ce deux Septembre mil fept cent quatre-vingt-fix. Signé

le Marquis DE CONDORCET & COUSIN.

Je certifie le préfent Extrait conforme à fon original & au jugement de l'Académie. A Paris, ce 2 Septembre 1786.

le Mis. De Condorcet.

Secrétaire perpétuel de l'Académie.

AVERTISSEMENT.

O N trouvera dans cet ouvrage quelques réfultats que je n'aurois pu découvrir ni expofer fans algèbre ; mais j'ai donné beaucoup d'exemples en nombres, afin que les perfonnes qui ne font pas accoutumées au calcul littéral, paffant à ces exemples, puiffent vérifier mes réfultats par le calcul ordinaire. * Le travail en fera long à la vérité, & à cet égard, comme à beaucoup d'autres, on exprimeroit bien foiblement les avantages de l'algèbre, fi l'on difoit quelle eft à l'arithmétique ce que celle-ci eft au calcul fur les doigts. Quoiqu'il en foit, bien perfuadé du refte qu'on n'attribuera pas à l'ouvrage comme un défaut, ce qui lui eft néceffaire ; j'ai crû cet Avertiffement d'autant plus à propos qu'un fort petit nombre des perfonnes, auxquelles cet ouvrage peut être utile, font exercées à l'algèbre.

Ce n'eft cependant point à cette fcience qu'il faut s'en prendre, fi elle n'eft pas univerfellement répandue, & je voudrois pouvoir faire fentir combien il feroit utile qu'elle le fût. Mais le fujet que je traite, eft trop circonf-cript, pour qu'on puiffe s'attendre à voir les exemples les plus frappans de l'application des mathématiques aux matières d'intérêt. Cependant, je crois pouvoir faire juger, que celui qui fe voue aux finances, a pour le

---

* Les perfonnes qui ne favent pas l'algèbre, pourront commencer par le N°. IV.

moins autant befoin d'algèbre , que celui qui fe voue au génie a befoin de géométrie, quoiqu'il n'y ait que celui-ci en faveur duquel on ait fondé des écoles publiques , pour l'inftruire dans la partie des mathématiques qui lui eft néceffaire. Je fais voir en particulier , dans l'ouvrage que je préfente au public, qu'un mathématicien exercé à ces matières , travaillant fous les ordres du Miniftre des finances , auroit pu, dans bien des occafions , faire emprunter à l'Etat les mêmes fommes qu'il a empruntées ci-devant, en lui faifant économifer plufieurs millions, fans diminuer aucunement l'attrait offert aux prêteurs , ni leur avantage réel.

Je conviens que la vérité de cette affertion ne tombe pas aifément fous le fens , & que même , au premièr coup d'œil, elle paroit abfurde. Mais c'eft précifément à de tels réfultats que les mathématiques peuvent feules atteindre ; quoiqu'une fois trouvés, rien ne foit plus facile que de les vérifier.

Au refte, ce petit effai a été fait pour précéder un autre ouvrage ; & l'approbation dont l'Académie des fciences m'a honoré, les encouragemens flatteurs, qu'un Miniftre attentif aux moindres efforts, qui ont pour but la profpérité publique, a daigné m'obtenir de Sa Majefté ; verfant dans mon ame une nouvelle ardeur, me font d'autant plus regretter d'être obligé de le livrer auffi-tôt au public , avec toutes fes imperfections.

RECHERCHES

RECHERCHES

SUR LES RENTES,

LES EMPRUNTS ET LES REMBOURSEMENS.

EXPOSITION.

On peut rembourser un capital avec ses intérêts par des paiemens fuccef-fifs.

I. Si l'on ne veut pas rembourfer un capital tout-à-la-fois avec les intérêts, on peut en rembourfer d'abord la quantité a, enfuite la quantité b, puis fucceffivement les quantités d, e, f, g, ... u, jufqu'à l'entière extinction de la dette.

Soit donc un capital quelconque c à rembourfer avec les intérêts annuels au i pour 1, & foit fait $1 + i = q$.

On devroit pour la première année ci pour les intérêts ; & fi l'on paie a, ce qui fera donné à compte du capital fera $a - ci$; ainfi il fera encore dû $c - (a - ci)$ ou $cq - a$.

On devroit au bout de la feconde année $(cq - a)q$, & fi l'on paye b, il reftera dû pour l'année fuivante $cq^2 - aq - b$.

On devroit au bout de la troifième année $(cq^2 - aq - b)q$; & fi l'on paye d, il reftera dû $cq^3 - aq^2 - bq - d$.

Et en général, au bout de t ans, il refteroit dû

A

$$c\,q^t - (a\,q^{t-1} + b\,q^{t-2} + d\,q^{t-3} + e\,q^{t-4} + \ldots + u).$$

Je fuppofe ici que l'intérêt eft compofé ; parce que toute perfonne qui fait valoir un capital, foit dans fon propre commerce, foit dans celui des autres, ajoute au moins au bout de chaque année l'intérêt au capital, & le fait fructifier avec lui. Je fuppoferai de même que l'efcompte eft compofé & pris comme il faut (1).

(1) Je dis *comme il faut ;* car j'ai reconnu qu'il y a quatre différentes manières d'efcompter, qu'il eft néceffaire d'employer tour-à-tour dans certains cas. En effet, que l'on demande quelle eft la valeur y d'une fomme, m, payable au bout du temps t, le denier de l'argent étant i ?

1°. Si l'on efcompte à la manière ufitée entre Négocians pour des temps courts, en prenant l'efcompte en dedans de la fomme & à intérêt fimple, on a $y = m\,(1 - it)$; méthode qui fait, par exemple, que les *remifes* coutent réellement plus de provifion aux commettans que les *traites*, quoique le tant pour 100 foit le même ; qui réduiroit à zero les plus grandes fommes payables au bout du temps $t = \frac{1}{i}$. ($= 20$ ans fi l'intérêt eft à 5 pour 100) ; & qui peut abufer quelques perfonnes lorfque le temps eft plus court.

2°. Si, en prenant l'efcompte en-dedans de la fomme, on compte à intérêt compofé, on a $y = m\,(1 - i)^t$; ou pour mieux dire, cette formule fait voir à quelle fomme m montera le capital y au bout du temps t, lorfqu'on aura employé ce capital à efcompter d'année en année des fommes correfpondantes à fes valeurs fucceffives, & cela felon la manière ufitée.

3°. Si l'on prend l'efcompte en-dehors, & que l'on compofe l'intérêt, ce qui eft la bonne manière ; on a $y = \dfrac{m}{(1 + i)^t}$

4°. Si, dans cette troifième manière, on prend l'intérêt fimple, on a $y = \dfrac{m}{1 + it} = \dfrac{m}{i\left(\frac{1}{i} + t\right)}$

Or, les quantités a, b, d, e, &c. peuvent être telles & en tel nombre que la dette foit réduite à zero, c'eſt à-dire, que $c q^{t} - (a q^{t-1} + b q^{t-2} + d q^{t-3} + \ldots + u)$ $= o$, ce que nous ſuppoſerons.

Si l'on conſtruit ces équations en prenant t pour les abciſſes, & y pour les ordonnées, on trouvera que la première eſt à la ligne droite, la ſeconde & la troiſième ſont à des logarithmiques, & la quatrième à une hyperbole entre ſes aſymptotes dont la puiſſance eſt $\frac{m}{i}$, & dont la diſtance de l'origine des abciſſes au centre eſt $\frac{1}{i}$. Et ces figures une fois décrites un peu en grand, on pourra, au moyen d'une échelle & d'un compas, répondre à toutes les différentes queſtions que l'on propoſe ſur les intérêts avec autant de préciſion & avec plus de célérité que par l'arithmétique.

Ou bien ſoit un cercle $np \, ms$ diviſé en autant de parties égales que l'on voudra, leſquelles repréſentent l'unité de temps ou l'année. Si an repréſente une ſomme, que ah, ak, ag repréſentent les montans de cette ſomme avec ſes intérêts ſimples au bout de 1, 2, 3, &c. ans, & que ab, ac, ad, &c. repréſentent les réſidus de cette même ſomme an après en avoir prélevé les eſcomptes à la manière ordinaire des Négocians, mais pour 1, 2, 3, &c. ans d'échéance ; la courbe qui en réſultera ſera la *ſpirale d'Archimede* ; les ordonnées ayant pour expreſſion $y = s (1 + it)$ en faiſant t poſitif & négatif.

Mais ſi l'on décrivoit la ſpirale hyperbolique à l'équation $y = \frac{s}{1 + it}$, les ordonnées à la partie $n \, e \, u$ indiqueroient les réſidus de la ſomme an, lorſqu'on en auroit prélevé comme il faut l'eſcompte à intérêt ſimple, & feroient faire à la courbe une infinité de tours autour du centre ſans qu'elle y arrivât jamais. Les ordonnées à la partie $n \, r$ repréſenteroient le montant du capital an & des profits que feroit le Banquier, ſi l'on eſcomptoit à long terme ſelon la manière uſitée dans le commerce ; & cette partie ſe projetteroit à l'infini, tellement que lorſqu'on auroit $t = \frac{1}{i}$ (ce qui dans cette

Fig. I.

A *ij*

RECHERCHES

De plus les mêmes quantités a, b, d, &c. peuvent être égales, croissantes ou décroissantes selon toutes sortes de loix.

II. Si elles sont égales & annuelles, ce sera ce que

---

figure est l'arc de cercle $n\,p\,m$, & la soutangente constante $a\,T$ de la courbe) l'ordonnée $y = az = \infty$.

Quant aux autres équations $y = s\,(1 + i)^t$ elles donnent des spirales logarithmiques qui ont leurs lieux entre les deux spirales dont je viens de parler.

Je supposerai aussi dans cet ouvrage que l'intérêt pour une portion $\frac{1}{n}$ d'année est calculé comme il faut, & qu'il est égal à $q^{1:n} 1$, & non à $\frac{i}{n}$, comme cela se pratique mal-à-propos. Car, pour donner une idée des écarts produits par cette différence dans la manière de calculer, supposons qu'une maison de banque établie depuis 30 ans ait eu constamment pour un million en compte courant avec divers particuliers ; & qu'au bout de ces 30 ans elle veuille rendre tous ses dépôts avec leurs intérêts au 5 pour 100. Si les Créanciers ont réglé leurs comptes au bout de chaque année, ce commerce leur devra 1000000 . $(1,05)^{30} = 4321942^{tt}, 375$. Mais si les Créanciers avoient réglé leurs comptes tous les trois mois en ajoutant les intérêts au capital, à raison de $\frac{5}{4}$ pour 100 ou de $1\frac{1}{4}$ pour les trois mois, la maison de commerce leur devroit 1000000 . $\left(1 + \frac{0,05}{4}\right)^{30.4} = 4440213^{tt}, 38$. Par où l'on voit qu'elle auroit à leur payer 118271^{tt} de plus que si l'on n'avoit réglé les comptes qu'au bout de chaque année ; ce qui ne feroit pas arrivé, si l'on avoit calculé comme il faut l'intérêt des trois mois. Cette différence peut devenir énorme à proportion du temps, de la grandeur du capital & du taux de l'intérêt ; & d'autant plus que la portion de l'année feroit prise plus petite. Au reste, le plus grand montant que cette manière de calculer pourroit produire au bout du temps t, feroit $c\left(1 + \frac{i}{\infty}\right)^{t.\infty} = c\,e^{it}$, e étant

l'on appelle des *annuités*, l'équation deviendra

$$c\,q^t - a\,(\,q^{t-1} + q^{t-2} + q^{t-3} + \cdots\cdots + q^0\,) = 0,$$

ou $c q^t = \dfrac{a\,(q^t - 1)}{i} = M.$ (2).

le nombre dont le logarithme hyperbolique $= 1$. Et l'intérêt annuel y pour 1 auquel un Banquier devroit emprunter pour que l'intérêt $y\,dx$ d'une portion infiniment petite de l'année, pris à la manière ordinaire du commerce, & s'accumulant à chaque moment infiniment petit, ne fît au bout de l'année que le i pour 1, doit être

$$y = \infty\,[\,(\,1 + i\,)^{\frac{1}{\infty}} 1\,] = \text{Log. hyp. } (\,1 + i\,).$$

Cette manière fautive de calculer l'intérêt a encore singulièrement lieu dans les règles de compagnie par temps, lorsqu'il s'agit de partager les profits faits au denier i entre plusieurs associés, qui ont mis ou ôté des fonds à différentes époques. On éviteroit des erreurs quelquefois considérables si l'on traitoit l'intérêt comme composé.

(2) On remarquera en passant que la quantité $\dfrac{q^t}{i}$ qui entre dans la formule $\dfrac{a(q^t - 1)}{i}$ est la somme de l'accumulation d'une portion infiniment petite de la rente depuis un temps infini jusqu'au temps $(t - 1)$, ou que

$$\frac{q^t}{i} = \left\{ \frac{1}{q^\infty} + \frac{1}{q^\infty}\,q + \frac{1}{q^\infty}\,q^2 + \cdots + \frac{1}{q^\infty}\,q^\infty + 1 \cdot q + q^2 + \cdots + q^{t-1} \right\}$$

ou ce qui revient au même que $\dfrac{q^t}{i}$ est la somme de tous les états annuels par lesquels a dû passer l'élément de l'unité avant que de devenir $= q^{t-1}$ par la fructification des intérêts composés ; tandis que la quantité $\dfrac{1}{i}$ qui entre aussi dans la formule $\dfrac{a\,(\,q^t - 1\,)}{i}$ est la somme d'accumulation de cet élément de l'unité jusqu'au temps où la fructification de cet élément de rente est devenu $= 1$. Or la formule $\dfrac{a\,(\,q^t - 1\,)}{i}$ fait retrancher $\dfrac{1}{i}$ de $\dfrac{q^t}{i}$, parce qu'on ne veut avoir la somme d'accumulation que depuis le temps où l'on a *une fois* la rente, puisqu'elle n'est pas payée avant ce temps-là.

De ces deux équations l'on en tire dix-huit autres, au moyen defquelles fi de ces cinq quantités M, c, a, i, t, trois font données, on peut fucceffivement déterminer les deux reftantes. (Cela fait en tout 20

On remarquera encore que le prix c d'une annuité a étant égal à la fomme de tous les états auxquels chaque année de la rente eft réduite par l'efcompte jufqu'au temps t auquel elle expire ; fi l'on prenoit l'efcompte à la manière ordinaire entre Négocians on trouveroit

$$c = a(1-i) + a(1-2i) + a(1-3i) + \ldots + a(1-ti) = \frac{at[2-(t+1)i]}{2}$$

La fuppofition $a(1-i)^t$ donneroit

$$c = a(1-i) + a'(1-i)^2 + a(1-i)^3 + \ldots + a(1-i)^t = \frac{a[1-(1-i)^t](1-i)}{i}$$

& la fuppofition $\dfrac{a}{1+it}$ donneroit la fuite harmonique

$$c = \frac{a}{1+i} + \frac{a}{1+2i} + \frac{a}{1+3i} + \cdots\cdots + \frac{a}{1+ti}$$

dont la fomme très-approchée eft

$$a \begin{cases} \dfrac{L.\,hyp.(1+it)}{i} + \dfrac{1}{1+it} \left\{ \dfrac{1}{2} - \dfrac{i}{2.6.(1+it)} + \dfrac{i^3}{4.30.(1+it)^3} - \dfrac{i^5}{6.42.(1+it)^5} \right. \\ \qquad\qquad\qquad - \dfrac{1}{2} + \dfrac{i}{2.6} - \dfrac{i^3}{4.30} + \dfrac{i^5}{6.42} - \&c. \end{cases}$$

Si l'on fuppofe l'intérêt $i = \dfrac{5}{100}$; la conftante $-\dfrac{1}{2} + \dfrac{i}{2.6} - \dfrac{i^3}{4.30} + \&c.$ fera $= -0,4958343737$; & fi l'on fait $a = 100^{tt}$, $t = 100$ ans ; on aura pour le prix de 100^{tt} de rentes égales payables pendant 100 ans, felon cette manière de calculer à intérêts fimples ;

$c = 3542^{tt}, 25726$; tandis que la formule $c = \dfrac{a(q^t - 1)}{i}$ donneroit

$c = 1984, 7910$; la formule $c = \dfrac{a[1 - (1-i)^t](1-i)}{i}$ donneroit

$c = 1888, 7513$; & la formule $c = \dfrac{at[2 - (t+1)i]}{2}$ donneroit

la quantité négative $c = -15250^{tt}, 0000$.

équations qui réfultent de la double fomme des com-
binaifons de 5 objets pris 3 à 3, on a

$$\frac{5 - 2 \cdot 5 - 1 \cdot 5}{1 \cdot 2 \cdot 3} \cdot 2 = 20)$$

III. Les quantités a, b, d, &c. font nommées rentes
viagères, fi le fond c ayant été fourhi par un certain nombre de perfonnes, ces rentes, deftinées à
rembourfer ce fond avec les intérêts, décroiffent par
les morts fucceffives des Rentiers, & finiffent par
s'éteindre totalement avec eux.

Or, toutes les tables de mortalité nous préfentent
une fuite de périodes pendant chacune defquelles le
nombre annuel des morts eft conftant. Dans ce cas
foit N le nombre des Rentiers conftituans, n celui
des Rentiers vivans au commencement d'une de ces
périodes, t le nombre d'années de cette période, m le
nombre conftant des morts dans cette période pendant $\quad$ *Prix d'une*
l'intervalle qui s'écoule entre deux paiemens confécutifs. $\quad$ *rente viagère.*
Le prix actuel c de la rente viagère r payable pendant
la première période aux feuls vivans reftans à chaque
époque des paiemens feroit

$$c = \frac{r}{N} \left\{ \frac{n - m}{q} + \frac{n - 2m}{q^2} + \frac{n - 3m}{q^3} + \ldots + \frac{n - tm}{q^t} \right\}$$

Or, cette fuite fe décompofe en deux parties;
la première, $\frac{rn}{N} \left\{ \frac{1}{q} + \frac{1}{q^2} + \frac{1}{q^3} + \ldots + \frac{1}{q^t} \right\}$

dont la fomme $= \frac{rn}{N} \cdot \frac{1}{q^t} \cdot \frac{q^t - 1}{i}$, eft la valeur
de tn annuités r conftantes & égales. La feconde partie
de cette fuite repréfente la portion de ces annuités
dont les morts ne jouiront pas, & qu'il faut, par

conféquent , défalquer du prix ci-deſſus ; cette partie eſt $= - \frac{mr}{N} \left\{ \frac{1}{q} + \frac{2}{q^2} + \frac{3}{q^3} + \cdots + \frac{t}{q^t} \right\}$ dont la ſomme eſt $+ \frac{mr}{Niq^t} \left(t - q \frac{(q^t - 1)}{i} \right)$; ainſi

$$c = \frac{r}{Niiq^t} \left\{ mti + (ni - mq)(q^t - 1) \right\}.$$

Tel ſeroit le prix d'une rente décroiſſante chaque année de l'aliquote conſtante $\frac{m}{N}$. Mais dans le cas d'une rente entièrement viagère , il faudra répéter cette formule avec les attentions néceſſaires autant de fois qu'il y a de périodes dont le nombre des morts eſt conſtant , & écrivant par-tout $n + \frac{1}{2} m$ à la place de n ſi l'on veut que , ſelon la manière uſitée , les Héritiers des morts reçoivent une partie de rente proportion-nelle au temps qu'ils ont vécu dans le courant de l'année (3). On trouveroit par de ſemblables moyens

---

(3) Autrement , ſoit KgB la courbe de mortalité dont AK eſt le nombre des naiſſans ; ſoit KfB la logarithmique pour l'eſcompte d'une ſomme auſſi $= AK$; KeB cette même logarithmique modifiée par la courbe de mortalité , comme il convient pour que la totalité des réſidus de la ſomme AK , ſoit le prix c d'une rente viagère $AK = r$ ſur des enfans à leur naiſſance.

Soit $AD = x$; $Dg = y = N \left(\frac{t-x}{t} \right)^2 - m \left(e^{-x:k} - e^{-x:n} \right)$ équation à la courbe de mortalité. $Df = \frac{AK}{q^x} = \frac{r}{q^x}$;

$ED = z = \frac{Nr}{q^x} \left(\frac{t-x}{t} \right)^2 - \frac{mr}{q^x} \left(e^{-x:k} - e^{-x:n} \right)$; on aura

$c = r \cdot \frac{1}{N} \int z \, dx = r \int \frac{dx}{q^x} \left(\frac{t-x}{t} \right)^2 - \frac{mr}{N} \int \frac{dx}{q^x} \left(e^{-x:k} - e^{-x:n} \right)$

le

le prix d'une rente viagère fur deux, trois, ou plufieurs têtes ; ce qu'il fuffit ici d'avoir indiqué.

Prenant donc l'intégrale, ajoutant la conftante & réduifant, je trouve

$$c = r \left\{ \frac{1}{t^2 (Lq)^3} \left[(1 - t Lq)^2 + 1 \right] - \frac{m}{N} \left\{ \frac{k}{1 + k Lq} - \frac{n}{1 + n Lq} \right\} \right\} -$$

$$- \frac{r}{q^x} \left\{ \frac{1}{t^2 (Lq)^3} \left[\left(1 - (t-x) Lq \right)^2 + 1 \right] \right\} +$$

$$+ \frac{mr}{N} \left\{ \frac{k}{(eqk)^{x:k} (1 + k Lq)} - \frac{n}{(eq^n)^{x:n} (1 + n Lq)} \right\} ; \text{ pour le prix}$$

d'une rente viagère r payable à des enfans depuis leur naiffance jufqu'au temps, x.

Mais le prix de la même rente fur un enfant naiffant, lorfque cet enfant devra jouir de cette même rente pendant tout le refte de fa vie depuis qu'il aura atteint l'âge x, feroit égal à la furface totale de la courbe combinée KEB, moins la portion de la furface dont l'abciffe eft $= x$, le tout divifé par N. Or, pour avoir la furface totale, il faudroit faire $x = t = 96$ ans ; ainfi le prix de la rente viagère fera dans ce cas,

$$c = \frac{Nr}{q^x t^2 (Lq)^3} \left\{ \left(1 - (t-x) Lq \right)^2 + 1 \right\} +$$

$$+ nr \left\{ \frac{k}{(eqk)^{t:k} (1 + k Lq)} - \frac{n}{(eq^n)^{t:n} (1 + n Lq)} \right\} -$$

$$- \frac{2 Nr}{q^t t^2 (Lq)^3} - mr \left\{ \frac{k}{(eqk)^{x:k} (1 + k Lq)} - \frac{n}{(eq^n)^{x:n} (1 + n Lq)} \right\}, \text{ le}$$

tout divifé par N.

Enfin il faudroit multiplier le tout par q^x & le divifer par $N \times \ldots$ $\left(\frac{t-x}{t} \right)^2 - m \left(e^{-x:k} e^{-x:n} \right)$ fi l'on vouloit que c ou le prix de la rente r fur une tête ne fut payé que lorfque cette tête fera âgée de x ans : ce qui eft une nouvelle formule pour trouver les prix d'une rente viagère fur un âge quelconque.

B

IV. Suppofons des rentes viagères conftituées fur des têtes de tout âge, & que l'intérêt i d'après lequel chacune

J'ai fuppofé l'équation à la courbe de mortalité

$$y = N \left(\frac{t-x}{t} \right)^2 - m \left(e^{\frac{-x:k}{}} e^{-x:n} \right), \text{ parce que M. Lambert a}$$

trouvé que celle-ci $y = 1000 \left(\frac{96-x}{96} \right)^2 - 6176 \left(e^{-x:13,682} e^{-x:2,43114} \right)$

donnoit avec une précifion étonnante la loi de mortalité pour Londres ; e étant le nombre dont le log. Hyp. eft l'unité ; & il m'a paru qu'un léger changement la rendroit propre à repréfenter la loi de mortalité pour tout autre pays.

On voit que cette équation eft compofée d'une parabole & de deux logiftiques. Le premier terme qui eft parabolique a fait tirer à M. Lambert cette conclufion, que le genre humain mouroit de la même manière qu'un vafe cylindrique fe vuide par un orifice fait à la bafe. Les deux autres termes ont beaucoup de rapport avec l'expreffion du réfroidiffement des corps, puifque la logiftique y fert de bafe. Cette courbe a d'ailleurs mille autres propriétés fort curieufes, que j'ai raffemblées dans l'ouvrage que je propofe ci-après par foufcription.

Je remarquerai encore que les valeurs de N, m, n, k, &c. font telles que les formules ci-deffus de la rente viagère ont plufieurs termes qu'on peut négliger vu leur petiteffe ; la dernière fe réduit pour un grand nombre des premières valeurs de x à

$$c = \frac{\frac{r}{t^2(Lq)^3} \left\{ \left(1-(t-x)Lq \right)^2 + 1 \right\} - \frac{mrkq^x}{N(cq^k)^{x:k}(1+kLq)}}{\left(\frac{t-x}{t} \right)^2 - \frac{m}{N} \left(e^{-x:k} e^{-x:n} \right)}; \text{ & les}$$

prix qui réfulteront de ces différentes formules feront tels qu'on pourra payer, outre la rente dûe aux têtes vivantes, la partie proportionnelle au temps que celles qui font mortes ont vécu dans le courant de l'année dont on paie la rente. Car pour que ces prix fuffent tels que les Héritiers euffent droit à la rente annuelle entière, il faudroit que le nombre qui repréfente la furface de la courbe fut égal à celui

de ces rentes en particulier a été calculée est le même que celui du commerce ordinaire, on peut dire que la condition des prêteurs pris en masse est égale à celle de l'emprunteur; car celui qui seroit intéressé sur chaque tête rentée (4), & qui auroit eu soin d'accumuler la rente avec les intérêts auroit après la mort de toutes ces têtes le montant de son capital avec tous les intérêts. Mais plu-

---

qui représente la somme de ses ordonnées distantes de l'unité, ce qui n'a jamais lieu dans la même courbe, attendu que la somme des ordonnées est toujours en général

$$= \int z dx + \frac{1}{2} z + \frac{1}{6} \cdot \frac{dz}{2dx} - \frac{1}{30} \cdot \frac{d^3 z}{2.3 dx^3} + \frac{1}{42} \cdot \frac{d^5 z}{2.3.4 dx^5} \cdots + \text{la constante.}$$

(4) C'est de cette manière que les Banquiers Génevois ont rendu fort avantageuses aux Prêteurs les rentes viagères sur une tête; & de plus il les ont rendues très-commerçables. Voici à-peu-près comment se sont faites les dernières constitutions : après avoir observé la loi de mortalité des femmes & filles de Genève, dont la bonne constitution, la saine manière de vivre, l'état d'aisance & la stabilité dans le pays, font les plus probables; ils se sont assemblés avec les médecins, ont chargé chacun d'eux de nommer d'entre les personnes auprès desquelles ils étoient appelés, les jeunes filles qui ayant déjà passé par les épreuves de la petite vérole & de la rougeole paroissoient de la meilleure constitution, d'en délibérer même entr'eux, & d'en former une liste sur laquelle il n'y eut plus qu'un choix à faire relative-ment aux autres considérations. Ces choses étant exécutées, les Ban-quiers ont choisi à chaque nouvel emprunt 30 têtes sur ces listes, ont constitué sur chacune d'elles un certain nombre de contrats, pour en réunir les rentes annuelles, & les partager ensuite proportion-nellement entre tous ceux qui voudroient s'y intéresser. Enfin, pour en faciliter la vente, ils ont comme subdivisé la somme totale des contrats avec le Roi en un plus grand nombre d'actions de plus ou moins grande valeur à volonté, dont les reconnoissances sont faites en

Sur une tête.

fieurs perfonnes placent auffi fur leur propre tête ; alors , leurs rentes font conftantes pendant toute leur vie ; la rente viagère qui eft la même que la rente viagère au premier paiement, dans le cas ci-deffus , eft égale à l'annuité que l'Emprunteur devroit payer pour rembourfer le prix de la rente avec les intérêts au i pour 1 , au bout d'un certain temps. Si ce rentier vit moins que ce temps, il perd; s'il vit davantage, il gagne.

V. Je relèverai en paffant une manière erronée d'envifager ces gains & ces pertes. L'on dit communément

Remarques.

que les morts hâtives des Rentiers procurent un gain , & les morts tardives une perte à l'Emprunteur. Puifque d'après notre fuppofition , il fe trouve que l'Emprunteur, en dernier réfultat, n'a ni perdu ni gagné , il n'eft pas exact de lui imputer des gains & des pertes particulières enfuite des pertes & des gains que font les Prêteurs. Mais c'eft uniquement entre ceux-ci que roule ce commerce de gains & de pertes, tellement que le gain que fait un Prêteur en vivant long-temps eft pris fur les pertes qu'ont fupporté les Rentiers qui font morts les premiers. Il en eft donc des fimples rentes viagères comme des tontines où les Rentiers héritent les uns des autres.

L'occafion m'invite à faire une autre remarque pour détruire une apparente contradiction que ces calculs préfentent. D'après leur fondement il eft certain que l'Emprunteur ne perdra pas ; cependant il fe trouve que

leurs noms ; répondant feulement , mais fous hypothèque , aux Intéreffés de payer fans délai & au prorata les rentes viagères qu'ils auront reçues.

le temps pendant lequel il devroit payer la rente pour rembourfer complettement le Prêteur eft moindre que la vie moyenne de celui-ci, qui en pourroit conclure que ce placement lui eft avantageux ; conclufion contradictoire avec la nullité de perte pour l'Emprunteur. Mais le Prêteur devroit *feulement* concluré, qu'il y a un plus grand nombre de chances pour lui que contre lui : or le nombre des chances pour & contre doit fe combiner avec la grandeur abfolue des gains & pertes éventuels pour déterminer l'avantage réel d'une telle fpéculation.

VI. Si les rentes viagères n'étoient calculées que fur le taux d'un intérêt ordinaire, cela ne fuffiroît pas pour entraîner autant de Prêteurs que l'Emprunteur pourroit en defirer. De-là eft réfultée la néceffité d'augmenter le taux naturel du viager fans en augmenter le prix ; tellement qu'il exifte des rentes viagères de 9, 10 pour 100, & au-delà fur les têtes les mieux choifies. Mais on a lieu d'être effrayé de la charge que fupporte l'Emprunteur lorfque l'on trouve par le calcul, (formule $t = \dfrac{L.a - L.(a-ci)}{L.(1+i)}$) que

Intérêt fupporté par l'emprunteur.

Pour payer l'annuité 10 pour 100.			
Pendant			Il faut faire valoir
Ans.	Mois.	Jours.	
14	2	14	. . au 5 pour 100.
15	8	21	. . . . 6 . . . .
17	9	16	. . . . 7 . . . .
20	10	28	. . . . 8 . . . .
26	8	19	. . . . 9 . . . .
33	2	28	. . . . 9 $\frac{1}{2}$ . .
48	9	12	. . . . 9 $\frac{9}{10}$ . .
72	6	16	. . . . 9 $\frac{99}{100}$.
96	7	22	. . . . 9 $\frac{999}{1000}$.

Pour payer l'annuité 9 pour 100.			
Pendant			Il faut faire valoir
Ans.	Mois.	Jours.	
16	7	14	. . au 5 pour 100.
18	10	8	. . . . 6 . . . .
22	2	23	. . . . 7 . . . .
28	6	18	. . . . 8 . . . .
30	5	16	. . . . 8 $\frac{1}{4}$ . .
35	5	5	. . . . 8 $\frac{1}{2}$ . .
42	8	20	. . . . 8 $\frac{3}{4}$ . .
&c.			&c.

Dès - lors on voit trois claffes de perfonnes s'inté-
reffer à ces rentes.

VII. En premier lieu les perfonnes qui ayant peu de
fortune & peu de moyens pour en acquérir, mais
poffédant cependant un certain fonds, ont befoin
d'accroître leurs revenus, ces perfonnes peuvent mettre
à l'écart une partie de leurs rentes pour reformer leurs
capitaux même plufieurs fois, & malgré cela jouir
cependant d'une plus grande aifance. Suppofons en
effet un emprunt rembourfable par 30 annuités de 10
pour 100 ; un particulier qui s'y intérefferoit n'auroit
qu'à mettre à l'écart 1 ½ pour 100 chaque année, &
l'accumuler à 5 pour 100 d'intérêts *compofés*, il auroit,
au bout de 30 ans, reformé le capital à peu de chofe
près., & auroit cependant joui de 8 ½ pour 100 de rente,
au lieu de 5 pour 100 qu'il retiroit auparavant de fon
Banquier : que s'il pouvoit mettre un peu plus en fructification, il trouveroit fon capital augmenté au bout
de 30 années, ainfi qu'on le voit dans cette table (5)

---

(5) On peut facilement étendre cette table, & en dreffer pour
d'autres annuités au moyen de la formule $n = \dfrac{ap(q^t - 1)}{i}$ dans laquelle
p eft la portion aliquote de la rente a pour 1, qu'il faut faire fructifier,
afin d'avoir reformé n fois fon capital. J'ai converti les fractions
décimales, que cette formule donne, en fractions approchées dont
les dénominateurs n'excèdent pas 100, au moyen d'une table fort
commode qu'un de mes amis a eu la complaifance de me faire, &
que je donnerai dans mes élémens avec la bonne théorie qu'il y a joint.

S'il faisoit fructifier au 5 pour 100 chaque année environ	Il trouveroit son capital reformé.	& auroit joui chaque année	Temps au bout duquel ils ont reformé leur capital.
1 $\frac{49}{37}$ pour 100 pris fur la rente, ou 0,0150514	une fois . . .	. de 8 $\frac{45}{37}$ pour 100 de rente	
1 $\frac{11}{59}$ ou 0,0188142	une fois & un quart	. 8 $\frac{7}{59}$	
2 $\frac{31}{37}$ ou 0,0225771	1 $\frac{1}{2}$.	. 7 $\frac{72}{37}$	
2 $\frac{16}{41}$ ou 0,026340	1 $\frac{3}{4}$	. 7 $\frac{15}{41}$	
3 $\frac{1}{59}$ ou 0,0301028	2 fois.	. 6 $\frac{96}{37}$	
3 $\frac{17}{44}$ ou 0,0338546	2 $\frac{1}{4}$	. 6 $\frac{27}{44}$	
3 $\frac{45}{59}$ ou 0,0376274	2 $\frac{1}{2}$.	. 6 $\frac{14}{59}$	
4 $\frac{5}{35}$ ou 0,0413902	2 $\frac{3}{4}$.	. 5 $\frac{31}{35}$	
4 $\frac{50}{37}$ ou 0,0451542	3 fois.	. 5 $\frac{47}{37}$	
5 pour 100. . .	3 $\frac{45}{59}$ ou 3,32195.	. 5 pour 100 . . .	
6 $\frac{37}{37}$ ou 0,0602056	4 fois.	. 3 $\frac{55}{37}$	
7 $\frac{51}{37}$ ou 0,075257	5 fois.	. 2 $\frac{46}{37}$	
9 $\frac{3}{37}$ ou 0,0903084	6 fois.	. . $\frac{24}{37}$	
10 pour 100. . .	6 $\frac{47}{73}$ fois. . . .	. . 0 pour 100. . .	

VIII. En second lieu de telles annuités doivent être encore très-avantageuses aux Banquiers & à tous ceux qui jouiffent d'un crédit affuré ; car, pouvant compter presque auffi long-temps qu'ils le défirent, fur une bonne partie de l'argent qu'ils ont reçu en dépôt, & dont ils paient le 5 pour 100, ils ont en pur bénéfice, s'ils achètent de ces rentes, l'excédent de l'annuité fur l'intérêt qu'ils paient & fur la portion qu'ils mettent en réferve pour réformer le capital. En effet, foit a l'annuité reçue pour une livre de prêt ; p l'aliquote de rente que l'on met en fructification : e ce que chaque unité de rente coûte de frais de perception ; j pour un

Seconde claffe de Prê- teurs.

l'intérêt auquel l'on accumule, & i celui que l'on paie pour l'unité de capital empruntée & mife en rente; on aura reformé n fois le capital au bout du temps

$$t = \frac{L.[nj + ap(1-e) - i] - L.[ap(1-e) - i]}{L.(1+j)}.$$ Au moyen de quoi

il eft aifé de voir que fi la rente eft de 10 pour 100, (ou que $a = 0,1$) ; que fi l'on a emprunté un capital $(= 1)$ dont on paie chaque année le 5 pour 100, (ou $i = 0,05$), qu'il y ait 2 pour 100 de frais fur la rente, (ou que $1 - e = 0,98$) ; on aura reformé $(n =)$ une fois le capital au bout de $t = 14^{ans} \, 3^{mois} \, 4^{jours}$, en accumulant tout le reftant $[ap(1-e) = 0,0098]$ de la rente au $(j =)$ 5 ½ pour 100 ; & au bout de $13^{ans} \, 11^{mois}$ fi on l'accumule au 6 pour 100. Que fi tout reftant de même, on n'accumuloit que les ¾ $(=p)$ de la rente, on feroit libéré de la dette au bout de $22^{ans} \, 6^{mois} \, 10^{jours}$ en accumulant au 5 ½ ; & au bout de $21^{ans} \, 9^{mois} \, 3^{jours}$, en accumulant au 6. Ainfi, non-feulement on auroit payé chaque année les intérêts du capital emprunté & joui dans le fecond cas du quart de la rente, mais on auroit encore au bout de ces temps de quoi rembourfer le capital, & l'on jouiroit enfuite fans aucune charge de toute la rente (6). On voit bien que fi nous joignons

---

(1) Le Banquier s'acquittera un peu plutôt, fi au lieu de payer chaque année l'intérêt du capital emprunté, il a fait des billets folidaires, comprenant la fomme & le montant des intérêts compofés qui feroient dûs à l'échéance du billet ; parce que faifant valoir à un plus haut taux qu'il ne paie, il feroit plus que gagner cette différence d'intérêt fur le capital ; il la gagneroit fur les intérêts dûs qui fructifient aufli comme capital.

le

à un tel avantage celui que ces perfonnes ont de vendre elles-mêmes les contrats, après en avoir joui pendant long-temps, à un beaucoup plus haut prix qu'elles ne les ont achetés il, n'y aura pas lieu de s'étonner de l'énorme fortune que quelques-unes ont faite dans les rentes.

XI. Vient enfuite une troifième claffe de Préteurs; favoir, celle des Capitaliftes qui cherchent à faire valoir le mieux poffible leurs fonds. Ils peuvent acheter de ces contrats pour en accumuler les rentes de la même manière qu'ils accumuloient les intérêts de leurs capitaux & y faire un profit; mais leurs avantages ne font point comparables à ceux des autres claffes : car il s'en faut bien qu'accumulant leurs rentes dans ce commerce à un intérêt fi fort au-deffous de celui que l'Emprunteur fupporte, ils puiffent porter leurs profits auffi haut que les facrifices de l'Emprunteur femblent le promettre. Enfin, ce qui paroîtra peut-être bien paradoxal, il m'a paru que l'Emprunteur pourroit améliorer & fa condition & celle des Préteurs, en convertiffant les rembourfemens par rentes viagères, en quelques autres formes de rembourfement; & c'eft-là ce que je me propofe de développer dans cet ouvrage. Mais l'on doit bien fe reffouvenir qu'en difant ceci, je n'ai en vue que le nombre de contrats ou parties de contrats que des particuliers ont acquis dans le but de faire valoir le mieux poffible leurs capitaux, & que je mets feulement dans cette troifième claffe de Préteurs toute perfonne qui, n'ayant pas befoin de fa rente entière pour vivre, en accumule une partie pour

Troifième claffe de Préteurs.

But de cet ouvrage.

C

refaire le plus grand nombre de fois poſſible ſon capital.
Or toute perſonne ſage qui a placé des fonds en rente
viagère eſt pour quelque choſe dans ce cas ; & cela
contribue à rendre le ſujet de ce mémoire d'autant
plus intéreſſant.

RECHERCHES SUR LES PROFITS QUE PEUVENT FAIRE
LES CAPITALISTES QUI PLACENT EN RENTES.

Ordre à ſui-
vre dans cette
recherche.

X. Je ſuppoſerai d'abord que quelqu'un ait mis en
rente viagère ſur ſa tête , afin de faire rentrer la rente
viagère dans la claſſe des annuités ; ou plutôt je ſuppoſerai que la rente eſt une annuité conſtante & payable
auſſi long-temps qu'on voudra. Après quoi , je paſſerai
aux rentes viagères qui décroiſſent annuellement par la
mort des Rentiers. J'examinerai même les profits que
donneroient des annuités croiſſantes comme dans les
tontines ; & enfin , j'expoſerai quelques moyens pour
rendre ces ſortes de rembourſemens plus profitables aux
uns & aux autres.

Annuités
conſtantes.

Condition
des Prêteurs
s'ils replacent
au même in-
térêt que l'em-
prunteur ſup-
porte.

XI. Si les Prêteurs pouvoient placer la rente qu'ils
retirent , au même intérêt que le Débiteur eſt cenſé
faire valoir chaque réſidu annuel ; à quel intérêt l'argent
emprunté ſe trouveroit-il avoir été placé à la fin des
paiemens ? Cet intérêt ſera égal à celui qui , pour le
nombre d'années auxquelles s'étendent communément
les annuités équivalentes aux rentes viagères , ne diffère
pas du 1 pour 100 de l'annuité elle-même ; & c'eſt-là
par conſéquent un fort intérêt. (*Voyez la table du*
N°. VI). Suppoſons , par exemple , un emprunt rem-

bourfable par des annuités de 10 pour 100, & que le Débiteur finiffe fes paiemens au bout de 0, 1, 2, 3, 4, &c. années : l'Emprunteur & le Prêteur auront chacun, par l'hypothèfe, fait fructifier leur argent comme on le voit dans la feconde colonne de la table première qui eft à la fin de ce mémoire.

XII. Mais le Prêteur ne pouvant replacer la rente au même intérêt que l'Emprunteur fupporte, fuppofons qu'il l'accumule avec les intérêts fur intérêts au 5 pour 100 ; on trouvera qu'en s'intéreffant dans un emprunt rembourfable par des annuités de 10 pour 100, il aura réellement fait valoir fes capitaux, comme on le voit dans la cinquième colonne de la table qui eft fort différente de la feconde (7).

S'ils placent à un moindre intérêt.

XIII. En effet, foit propofé de trouver à quel intérêt on

---

(7) Les colonnes 7 & 9 font pour les cas où l'on ne feroit pas fructifier les intérêts de la rente. La figure 3 qui fuit la table fait encore mieux voir ce qui arrive dans ces différens cas. Pour cet effet, j'ai pris fur la ligne indéfinie *AB*, des abfciffes qui repréfentent les temps pendant lefquels l'annuité doit être payée ; & après avoir élevé perpendiculairement à l'extrémité de chaque abfciffe des ordonnées proportionnelles à l'intérêt auquel les capitaux font placés félon les 4 différentes fuppofitions dont je viens de parler ci-deffus, j'ai eu ces 4 courbes dont

Fig. 3.

La première *ckh* répond aux 1re. & 2me. colonnes de la Table.

La deuxième *clo* . . . . . . 3me. & 5me. . . . .

La troifième *cfm* . . . . . . 6me. & 7me. . . . .

La quatrième *cin* . . . . . . 8me. & 9me. . . . .

Enfin, la table algébrique qui eft avant cette figure renferme colonne par colonne les équations générales qui ont produit les nombres de la première table, & les courbes dont je viens de parler.

A *ij*

Règle pour
trouver leur
profit.

place fon argent, lorfqu'on le place à fonds perdu pour
une certaine annuité, payable feulement pendant un
certain temps donné? On cherchera le montant m de
toutes ces annuités perçues, au moment où l'on ceffe
de les recevoir, ce qu'on trouvera par cette formule
$m = \frac{a(q^t - 1)}{i}$; on cherchera enfuite à quel intérêt auroit
dû être placé le capital primitif pour être monté à cette
dernière fomme pendant la durée t de l'annuité a, ce
qu'on trouvera par cette autre formule $y = -1 + \sqrt[t]{m:c}$
La folution fera complette, & l'on pourra dire que le
placement en annuité, ainfi qu'il a été fait, équivaut
à un fimple placement, pendant la durée de l'annuité
fuppofée, au taux que l'on vient de déterminer. C'eft
d'après ces principes qu'ont été conftruites les quatrième
& cinquième colonnes de la table ci-jointe.

XIV. Il fe préfente ici un réfultat curieux & impor-
tant, qui paroît d'abord un paradoxe, & qui fera pris

Temps où les
Prêteurs fe
trouvent avoir
placé au plus
grand intérêt.

pour une abfurdité par toute perfonne qui ne pourra
ou ne voudra pas me fuivre avec attention. Ce paradoxe,
c'eft qu'il y a ici un *maximum*; c'eft-à-dire, une certaine durée de l'annuité telle que pour cette durée l'intérêt demandé eft plus fort que pour aucune autre,
enforte qu'en augmentant de même qu'en diminuant
la durée de l'annuité ainfi fixée, l'intérêt demandé
diminuera.

En effet, les annuités & leurs intérêts compofés
s'accumulant vaudront bientôt le capital primitif (ce
qui aura lieu environ après 9 ans, fuivant fes fuppofitions ordinaires d'intérêts): je dis donc que fi l'an-

nuité s'éteignoit au bout de 9 ans, c'eſt comme ſi je
plaçois pendant 9 ans mon capital au 0 pour 100.
Mais paſſé ce terme, le montant des annuités ſurpaſſant
le capital primitif, il équivaut à celui que j'aurois eu
en plaçant ce capital à un certain intérêt ſur intérêt
ou *anatociſme* au-deſſus de zéro; & il eſt facile de voir
que cet intérêt ſera très-foible ſi l'annuité ne dure que
10 ans, un peu moins foible ſi elle dure 11 ans; ainſi
de ſuite. Voilà donc cet intérêt croiſſant à meſure
que croît la durée de l'annuité. Mais il ne croîtra pas
ſans fin, il y aura une époque où il diminuera; car,
ſuppoſons qu'il ſoit devenu actuellement *plus grand* que
l'intérêt *ordinaire* auquel fructifient les annuités : le
montant des annuités s'accroîtra l'année ſuivante,
1°. de ſon intérêt *ordinaire*, 2°. de l'annuité *conſtante*
qui ſera payée; d'un autre côté, le capital fructifiant
ſuppoſé égal au montant des annuités au commencement de l'année, s'accroîtra ſeulement de ſon intérêt;
mais ce taux d'intérêt étant *plus fort* que celui auquel
fructifie le montant des annuités donnera néceſſai-
rement une fois une augmentation annuelle égale à la
double augmentation que reçoit le montant des annuités;
ce moment arrivé, ſi ce taux reſtoit le même, les
augmentations qu'il apporteroit à ſon capital l'empor-
teroient ſur les augmentations que reçoit le montant
des annuités : il faudra donc le baiſſer. Il y aura donc
un *maximum*, puiſqu'après avoir fait monter ce taux,
il faudra le faire deſcendre; & la table fait voir à quel
époque tombe ce *maximum*, lorſque l'annuité étant
de 10 pour 100 l'intérêt auquel on l'accumule eſt au 5.

Mais il eſt aiſé de comprendre que ce *maximum* aura lieu toutes les fois que l'annuité ſera d'une grandeur qui, vu le temps de ſa durée, ne pourroit être payée ſans perte, à moins que l'Emprunteur ne fit valoir à un intérêt plus fort que celui auquel les Rentiers accumulent (8).

Quant à la détermination de ce *maximum* de profit, du temps auquel il a lieu, '& des annuités qui le donnent : la voici.

Détermina-
tion de ce
temps.

XV. Si l'on demande quel eſt l'intérêt y pour *un*, auquel on ſe trouve avoir placé ſon capital, lorſqu'on reçoit de ce capital une rente a pour *un*, que l'on replace à meſure à i pour *un* au bout du temps t? La réponſe à cette queſtion eſt évidemment contenue dans l'équation $\frac{a(q^t-1)}{i} = (1+y)^t$, équation à la courbe *clo*, fig. 3.

Maintenant t étant variable, on demande quelle valeur il doit avoir pour que y ſoit un *maximum*? Pour cela, qu'on différencie l'équation, on aura

$$aq^t dt Lq - i(1+y)^t dt L(1+y) = ti(1+y)^{t-1} dy;$$

faiſant $dy=o$, on a $\frac{aq^t Lq}{i} = (1+y)^t L(1+y)$, équation qui, diviſée par l'équation donnée, laiſſe pour quotient celle-ci $\frac{q^t Lq}{q^t-1} [=L(1+y)] = \frac{1}{t} L[\frac{a}{i}(q^t-1)]$, ou

---

(8) Je donnai pour la premiere fois l'idée de ce *maximum* à la ſuite d'un proſpectus pour un cours public de mathématiques à l'uſage du commerce, publié à Genève en 1784.

$$q^{\frac{tq^t}{q^t-1}} = \frac{a(q^t-1)}{i} \; [= (1+y)^t = Q^t] \; ;$$ équation de laquelle on peut très-facilement tirer *t* par les féries (9), mais je préfère obtenir cette valeur de la manière fuivante.

Dans l'équation donnée $\frac{a(q^t-1)}{i} = (1+y)^t = Q^t$ ou $\sqrt[t]{\frac{a}{i}(q^t-1)} = Q$, on fera telle fuppofition que l'on

---

(9) On peut tirer de plufieurs manières cette valeur de *t* par les féries. Par exemple, foit $\frac{1}{q^t} = x$; d'où $t = \frac{-Lx}{Lq}$. L'équation à réfoudre fera $(1-x) L\left(\frac{a}{i}\right) + (1-x) L(1-x) + x Lx = 0$; or,

$$(1-x) L(1-x) = -x + \frac{x^2}{2} + \frac{x^3}{2.3} + \frac{x^4}{3.4} + \frac{x^5}{4.5} + \cdots + \frac{x^{n+1}}{n.n+1} + \&c.$$

$\& \; xLx$, ou $xL[1-(1-x)] = x \left\{ -(1-x) - \frac{(1-x)^2}{2} - \frac{(1-x)^3}{3} - \frac{(1-x)^4}{4} \cdots \frac{(1-x)^n}{n} - \&c. \right.$

ou en développant chaque terme & fommant les *n* premiers par le calcul des différences finies

$$xLx = x \left\{ -(1+\tfrac{1}{2}+\tfrac{1}{3}+\tfrac{1}{4}+\cdots\tfrac{1}{n}) + nx - \frac{n.n-1}{2.2}x^2 + \frac{n.n-1.n-2}{2.3.3}x^3 - \frac{n...n-3}{2.3.4.4}x^4 \cdots \mp \frac{x^n}{n} \right\}$$

ainfi en nommant *h* la fomme de la férie harmonique $1+\tfrac{1}{2}+\tfrac{1}{3}+\tfrac{1}{4}+\cdots\tfrac{1}{n}$ on aura

Log. hyp. $\left(\frac{a}{i}\right) = [1+h+L'\frac{a}{i}]x - (n+\tfrac{1}{2})x^2 + (\frac{n.n}{2.2} - \tfrac{1}{2.3})x^3 - (\frac{n...n.2}{2.3.3} + \tfrac{1}{3.4})x^4 + (\frac{n...n.3}{2.3.4.4} - \tfrac{1}{4.5})x^5 - \cdots \pm (\tfrac{1}{n} \mp \tfrac{1}{n.n+1})x^{n+1}$; ou $N = Ax + Bx^2 + Cx^3 + Dx^4 + Ex^5 + \&c.$ &

$$\alpha = \frac{N}{A} - \frac{BN^2}{A^3} + \frac{2B^2-AC}{A^5} \cdot N^3 + \frac{5ABC-A^2D-5B^3}{A^7} \cdot N^4 + \&c.$$

foit donc $a = 0,1$; $i = 0,05$; & $n = 7$;

nous aurons *N* ou $L\left(\frac{a}{i}\right) =$ Log.hyp. $2 = 0,69314718 ; 1 + h = 3,592858\cdots$

$\& \; t = \frac{-L(0,161734 + 0,0457672 + 0,0157061 + 0,0057724 \cdots)}{L(1,05)} =$

$= \frac{-L 0,228969}{L 1,05} = \frac{0,6402232}{0,0211893} = 30$, 21, ce qui est affez près de 30, 38 qui est la vraie valeur de *t*.

voudra pour t, pourvu que la valeur de y qui en réfultera foit pofitive ; c'eft-à-dire, que l'on prendra $t > \frac{L(1+\frac{i}{a})}{Lq}$. On fubftituera la valeur de Q qui réfultera de cette fuppofition de t dans l'équation fuivante $x = \frac{L(aLq) - L'(iLQ)}{LQ - Lq}$, pour laquelle tous les logarithmes peuvent être pris dans les tables vulgaires, on fera de nouveau $t = x$ dans l'équation $\sqrt[t]{\frac{a}{i}}(q^t - 1) = Q'$; on fubftituera la nouvelle valeur de Q' qui en réfultera dans l'équation $x' = \frac{L(aLq) - L(iLQ')}{LQ' - Lq}$ on aura déjà une valeur très-approchée du temps du *maximum* de profit d'intérêt ; & on en approchera auffi près que l'on voudra en répétant l'opération.

Par exemple, foit $a = 0, 1$; $i = 0, 05$; & $t = 22$ d'où $Q = 1,063199$; on aura .... $x = 37,2387$

$$Q' = \sqrt[37]{\tfrac{a}{i}}(q^{37} - 1) = 1,0646737 ; \quad x' = 31,906$$

$$Q'' = \sqrt[31]{\tfrac{a}{i}}(q^{31} - 1) = 1,0651546 ; \quad x'' = 30,40076,$$ qui eft à très-peu-près le temps du *maximum* cherché. Cette méthode réfulte d'une remarque que je fais ci-après fur une autre courbe.

XVI. On pourroit auffi mettre l'équation d'où il faut

Autre moyen.

tirer t fous cette forme $a = \frac{iq^{\frac{tq^t}{q^t - 1}}}{q^t - 1}$, faire différentes fuppofitions pour t, qui donneront à a différentes valeurs ; après quoi, fi l'on vouloit la valeur de t pour une certaine valeur de a déterminée, on la trouveroit

par

par interpolation : car, soit l'intérét fructifiant de la rente = 0,05, & soit fait fucceffivement $t = $ 0,1,2,3,4, &c. on aura la table fuivante.

Temps des *Maxima.*	Pour ces annuités accumulées à 5 pour 100.	*Maxima* de profits d'intérêt.	Temps des *Maxima.*	Pour ces annuités accumulées à 5 pour 100.	*Maxima* de profits d'intérêt.
0	∞	∞ p. 100		p. 100	p. 100
1	278, 596 p º	178, 596	24	12, 226626	
2	139, 339	69, 0107	25	11, 82903	7, 169
3	92, 9621	43, 1046	27	11, 57728	
4	69, 7528	31, 678	27 ½	10, 883665	
5	55, 852	25, 2805	30	10, 10675	6, 553
6	46, 5948	21, 1976	30 ½	9, 968025	
7	39, 989	18, 3692	35	8, 91377	
8	35, 0422	16, 2972	40	8, 05111	5, 852
9	31, 1121	14, 6804	41	7, 90592	
10	28, 13296	13, 4703	45	7, 40688	
11	25, 62794	12, 4652	49	7, 00368	
12	23, 5451	11, 6384	49,55	6, 95458	
13	21, 78693	10, 9467	50	6, 91532	5, 491
14	20, 28385	10, 3602	60	6, 23416	5, 299
15	18, 9848	9, 857	65	5, 9969	
16	17, 8515	9, 4214	70	5, 80593	5, 174
17	16, 85475	9, 292	80	5, 53006	5, 105
18	15, 9717	8, 706	90	5, 34935	
19	15, 1846	8, 409	100	5, 23027	5, 027
20	14, 4787	8, 1442			
20½	13, 842822				
22	13, 267095		∞	5 p 100.	5 p º
22½	12, 999315		(9')		

La note de cette Table est à la page fuivante.

D

Je dis que fi l'on recevoit chacune de ces annuités pendant un temps plus long ou plus court que celui qui correspond à chacune d'elles, le profit d'intérêt corrélatif, placé dans la troisième colonne, diminueroit, ce que chacun peut vérifier.

Veut-on maintenant trouver les temps précis qui donnent un *maximum* de profit par des annuités de 6, 7, 8, 9 & 10 pour 100? Prenons, par exemple, l'annuité 10 pour 100.

à 30 ans correspond l'annuité 10,10675
à 30 ½ 9,96802

Différence pour ½ an 0,13873
Proportion, ½ : 0,13873 :: x : 0,10675; d'où $x = 0,38474$ qu'il faut ajouter à 30 ans; ainsi des autres.

(9)

Temps des Maxima.	Pour ces payemens par femestres accumulés.	
ans.	au 2 & demi pour 100 par 6 mois.	au 3 pour 100 par 6 mois.
½	275, 219 p 100	275, 8955 p 100
5	27, 59113	27, 68832
10	13, 90031	13, 99482
15	9, 38295	9, 49649
20	7, 158805	7, 296407
25	5, 85153	6, 015126
30	5, 002366	5, 192345
35	4, 414597	4, 630783
40	3, 989762	4, 2316
45	3, 673123	3, 93978
50	3, 43179	3, 72126

XVII. On trouvera au moyen de cette théorie, que les temps des *maxima*,

Pour ces annuités accumulées au 5 p. 100.	font au bout de			Sommes accumulées.			Maxima d'intérêts	Temps au bout desquels on aura son capital.					
								sans intérêts.			*avec intérêts* au 5 p 100.		
	ans	mois	j.	liv.	fols	den.	i	ans	mois	j.	ans	mois	j.
5 p 100	∞			∞			5 p. 100	A 14	2	14	∞		
6	64	11	8	2732	7	8	5, 22553	B 12	5	2	36	8	21
7	49		15	1392	1	11	5, 51648	C 11		17	25	8	3
8	40	4	7	985	18	2	5, 8350	D 9	11	12	20	1	7
9	34	6	28	792	12	8	6, 16995	E 9		20	16	7	13
10	30	4	18	680	15	4	5, 51600	8	3	21	A 14	2	14
11	27	1	29	608		8	6, 87032	7	8	5	B 12	5	2
12	24	7	9	557	7	1	7, 2308	7	1	20	C 11		17
13	22	5	29	579	6		7, 59652	.			D 9	11	12
14	20	3	1	472	3	5	7, 9650	(10)			E 9		20

(10) Les lettres *A , B , C , D , E ,* &c. donneront lieu à quelques remarques que je laiffe faire à mes lecteurs. On trouvera de plus que le temps *A* eft auffi celui au bout duquel un capital double, lorfqu'il eft placé à 5 pour 100, intérêt compofé; que c'eft au bout de 22 ans 6 mois 6 jours, & qu'un capital devient triple, en le faifant fructifier au 5 pour 100, & qu'il devient quadruple par la rente de 10 pour 100; qu'au bout de 28 ans 4 mois 29 jours il quadruple par les intérêts compofés, & fextuple par la rente de 10 pour 100; qu'au bout de 25 ans 8 mois 3 jours il triple par la rente 6 pour 100, quadruple par la rente 8 pour 100, quintuple par la rente 10 pour 100, &c. &c. On pourra faire mille autres remarques de ce genre.

XVIII. J'ajouterai à cette table (11), que le *maximum* de profit d'intérêt par femeftre que pourra donner une

(11)

Montant de la rente 4 liv. 10 f. & des intérêts fur intérêts au 2 & demi pour 100 par 6 mois.		Intérêt pr. 6 mois, auquel il faudroit placer 100 l. pour avoir la même fomme que ci-contre au bout du même tems.		Montant de la rente 4 l. 10 f. & des intérêts fur intérêts au 3 pour 100 par 6 mois.		Intérêt par 6 mois, auquel il faudroit placer 100 liv. pour avoir la même fomme que ci-contre au bout du même temps.
au bout de an. m. j.	liv. fols d.		au bout de an. m. j.	liv. fols d.		
8 11 11	100	0,p100	8 7 20	100	0, p 100	
16 5 2	124 19 10	2,5	15	214 1 9	2,5698	
27 11 3	534 16 6	3,048	18 7	299 19 10	3, p 100	
30	611 19 3	3,0652	27 11 3	631 14 9	3,355	
33 6	761 7 11	3,0762	30	733 14 9	3,3774	
34	784 18 7	M 3,0764	36	1110	3,39950	
34 6	809 1	3,0763	36 6	1147 16	M 3,39952	
35	833 15 7	3,0760	37	1186 14 9	3,39948	
45	1481 3 7	3,0401	45	1995 1 4	3,3818	
50	1946 9 4	3,0131	50	2732 15 10	3,3632	
60	3304 9 4	2,9578	60	5056 13	3,3234	
70	5529 14 2	2,9077	70	9953 15 5	3,2868	
80	9176 5	2,8647	80	16834 5 9	3,2556	
90	15150 18 7	2,8285	90	30525 10	3,2271	
100	24941 10 4	2,7925	100	55253 7 4	3,2076	
			500		3,0418	
			5000		* 3,0042	

* Ainfi de fuite, fans pouvoir jamais redevenir 3 fans fraction; & la courbe *clo*, Fig. 3, a pour afymptote une droite fituée parallélement au-deffus de l'axe, à une diftance égale à la valeur de l'intérêt compofé auquel on aura accumulé la rente. (*Voyez* la Table algébrique qui précéde la *Planche I.*)

Si au lieu de 4 l. 10 f. on recevoit 5 l. de rente, on auroit

en plaçant au 2 & demi par 6 mois.			en plaçant au 3 par 6 mois.		
an, mois.	liv. fols d.		an. mois.	liv. fols d.	
30	679 19 2	3,2463	31 6	905 19 9	3,5601
30 6	701 19 2	M 3,2465	32	938 10 2	M 3,56055
31	724 10 2	3,2456	32 6	971 13 4	3,5601

annuité conftante de 4 ½ pour 100 par femeftre fera
= 3,0764 pour 100 au bout de 34 ans, (nombre rond)
fi on l'accumule au 2 ½ pour 100 par 6 mois; ou
= 3,39952 au bout de 36 ½ ans, fi on l'accumule au
3 pour 100 par 6 mois; & fi au lieu de 4 ½ pour 100
on recevoit 5 pour 100 de rentes par femeftres, le
maximum de profit d'intérêt par femeftre feroit = 3,2465
pour 100 au bout de 30 ½ ans, fi on accumuloit la rente
au 2 ½ pour 100 par 6 mois; ou = 3,56055 pour 100
au bout de 32 ans, fi on l'accumuloit à 3 pour 100 par
6 mois. Par où l'on voit que les temps des *maxima*
& les profits d'intérêts correlatifs varient, fi les valeurs $\quad$ Remarques.
des annuités & de l'intérêt fructifiant varient. En général,
plus l'intérêt auquel on placera la rente fera fort, plus
le terme du *maximum* fera éloigné; & au contraire,
plus l'annuité fera grande, l'intérêt de l'accumulation
reftant le même, plus le terme de fon *maximum* fera
court, & la fomme accumulée petite.

XIX. De plus, il eft aifé de voir qu'il n'y a pas
lieu d'héfiter fur le choix de deux annuités différentes,
payables chacune jufqu'au temps de leur *maximum*. $\quad$ Choix entre
Quoique le temps T pendant lequel on payera la plus $\quad$ deux annuités
pour acquitter
petite annuité a, fût plus grand que celui t, pendant $\quad$ le même capi-
lequel on payeroit la plus grande A; car l'on a à $\quad$ tal.

comparer ces deux produits $q^{\frac{tq^t}{q^t-1}} \cdot q^{T-t}$ & $q^{\frac{Tq^T}{q^T-1}}$;
ou fimplement en réduifant, comparer $\frac{t}{q^t-1}$ avec $\frac{T}{q^T-1}$;
or ce dernier produit qui eft proportionnel à l'accumu-
lation de la plus petite annuité a, eft évidemment plus

petit que le premier $\frac{t}{q^t-1}$, qui eſt proportionnel à l'ac‑cumulation de la plus grande annuité A, à meſure que T grandit.

Mais il pourroit y avoir lieu d'opter, ſi la plus grande annuité A ceſſoit d'être payée avant le temps de ſon *maximum* de profit, (ou ſi les deux annuités décroiſſoient différemment) & les limites de ce cas d'irréſolution peuvent être déterminées par la queſtion ſuivante, dont la réponſe eſt facile.

Suppoſons qu'il ſe préſente un emprunt rembourſable par l'annuité a pour 1, & que l'on eſpère qu'il s'en fera une fois un rembourſable par des annuités au A pour 1 ; après combien de temps (ayant toujours fait valoir ſon argent au i pour 1) ſi cet emprunt ſe fait, & qu'on y mette, aura‑t‑on auſſi bien fait d'at‑tendre que de ne pas attendre? & le temps n de l'an‑nuité a étant déterminé, quel devroit être le temps x du payement de l'autre annuité A?

On a, $\frac{Aq^t(q^x-1)}{i} = \frac{a(q^n-1)q^{x+(t-n)}}{i}$, d'où

$$x = \frac{L.A - L.\left(A - \frac{a(q^n-1)}{q^n}\right)}{L.q}, \& \ t = \text{à volonté. Réſultat}$$

qui eſt le même que ſi l'on eût cherché directement la limite du premier cas d'irréſolution, parce qu'il eſt fort égal pour les produits qu'on faſſe valoir ſon capi‑tal pendant le temps t avant que de le mettre en rente, ou qu'on faſſe valoir au même intérêt, pendant le même temps, la rente accumulée qui proviendroit de ce capital : toute la différence conſiſteroit en ce

que, par la première manière, on feroit plutôt riche
que par la feconde.

Soit $i = \frac{1}{100}$; $a = \frac{8}{100}$; $n = 40$; $A = \frac{10}{100}$; on trouvera
$x = 23$ ans 9 mois 5 jours $\frac{1}{2}$: c'eft-à-dire, qu'il faudroit que l'annuité 10 pour 100 qu'on efpère, & qui
empêche de mettre dans l'emprunt rembourfable par
des annuités de 8 pour cent pendant 40 ans, fût payé
pendant 23 ans 9 mois 5$\frac{1}{2}$ jours, pour qu'ayant fait
valoir fon capital, ou fa rente accumulée, pendant
16 ans 2 mois 24$\frac{4}{9}$ jours, on eut également bien fait
valoir fes fonds. En effet on trouvera qu'on les auroit
également fait valoir au 5$\frac{1}{2}$ pour 100 environ. Mais au-
deffous de 23 ans 9 mois 6 jours de jouiffance, on auroit perdu à attendre.

XX. L'équation $a = \dfrac{iq^{\frac{tq^t}{q^t-1}}}{q^t - 1}$ fait auffi voir une chofe

Limites du
Maximum.

que le bon fens dicte; c'eft que les cas du *maximum*
de profit s'étendent jufqu'au cas où l'annuité $a = i$, &
ne s'étendent pas au-delà; car alors $t = \infty$; & c'eft
une circonftance remarquable que les temps des *maxima*
de profits d'intérêts que peuvent donner des rentes de
6, 7, 8, 9, 10, 11, & 12 pour 100, qui font celles
que l'on paye, foient compris dans les limites de la vie
humaine, le taux ordinaire de l'intérêt étant 4, 5 & 6 pour
100; & même foit fi près du terme de la vie moyenne.

XXI. La néceffité d'admettre dans certaines annuités
un *maximum* de profit d'intérêt eft donc généralement
démontrée; & la table qui eft à la fin de ce Mémoire
nous apprend, en particulier, que fi l'on place fon argent

aux annuités conſtantes de 10 pour 100 nettes de tous frais & exemptes de diminutions , & qu'on ne puiſſe plus replacer la rente qu'au 5 pour 100 ; le plus haut intérêt auquel on puiſſe eſpérer d'avoir placé ſon argent, combinaiſon faite des deux intérêts, eſt le 6,516 pour 100, ſoit le $6\frac{16}{31}$ pour 100 , ce qui a lieu au bout de 30 ans 4 mois 18 jours ; tandis qu'au bout de 100 années de jouiſſance ce profit d'intérêt ſe réduit à 5,7222 pour 100 , ſoit à $5\frac{13}{18}$ pour 100 , quoiqu'on ait continué de recevoir conſtamment la même rente , & quoique la charge de l'emprunteur déjà fort grande pour payer cette annuité pendant 30 ans, puiſqu'il ſupporte le $9\frac{1}{4}$ pour cent des capitaux dont il a joui, ſoit encore plus grande lorſqu'il la paye pendant 100 ans.

XXII. On pourroit de même voir en interpolant les nombres des 3ᵐᵉ & 5ᵐᵉ colonnes de la même table , que ſi l'on ne trouve pas dès le moment de l'époque du *maximum* à mieux placer la rente qu'au 5 pour 100, ſoit qu'il ne ſe fît pas de nouveaux emprunts ou autrement, l'on ne ſeroit pas plus avancé pour le profit des intérets.

au bout de environ	qu'on ne l'étoit à	au bout de environ	qu'on ne l'étoit à
$32\frac{1}{1}$ ans.	28 ans	$51\frac{1}{2}$	21 ans
$34\frac{1}{4}$	27	$57\frac{1}{2}$	20
36	26	$65\frac{1}{2}$	19
38	25	$77\frac{1}{2}$	18
$40\frac{1}{2}$	24	97	17
$43\frac{1}{4}$	23		
47	22	∞	14ᵃ. 2ᵐ. 14 j.

quoique les charges de l'emprunteur ſoient extraordinairement différentes.

XXIII.

XXIII. Ou plus exactement & plus généralement., l'équation $\frac{a(q^t-1)}{i} = Q^t$, ou $a\,q^t - iQ^t - a = 0$, ne donne pour t aucune valeur réelle positive, si Q est plus grand que le *maximum* de profit : mais elle donne pout t une valeur positive, lorsque Q est $<$ que q, & lorsque Q est un *maximum* : & elle donne pour t deux valeurs positives lorsque Q, $>$ que q, est cependant plus petit que le plus grand profit que puisse donner une fois l'accumulation au i pour 1 de la rente a pour 1 (12).

XXIV. Or, ces remarques sont utiles, en ce qu'elles

---

(12) Soit $aq^t - iQ^t - a = z$; & tirant la ligne AB, que t en soit les abciffes & z les ordonnées : on aura dans tous les cas une courbe; mais dans le premier cas (fuppofant toujours $a > $ que i) les ordonnées feront toujours négatives, & la courbe n'arrivera jamais à l'axe. Dans le fecond cas, lorfque Q est un *maximum*, la courbe viendra toucher l'axe ; elle la coupera une fois si Q est $<$ que q, & deux fois si Q, $>$ que q, est plus petit que le *maximum* de profit d'intérêt. Par exemple, foit $Q = 1,0627163$; $a = 0,1$, & $i = 0,05$, on trouvera que $t = 50$, & $t = 21,28615$ fatisferont également bien à l'équation ; à ces deux valeurs de t la courbe coupera l'axe & la foutangente fera $= 0$.

Si l'on différencie l'équation, & qu'on cherche la plus grande valeur pofitive de z, on la trouvera en $t = \frac{L(aLq) - L(iLQ)}{LQ - Lq}$;

or, quoique cette valeur de t ne foit pas la même que celle qui a lieu lorfque Q est un *maximum*, il est aifé de l'y faire coincider autant que l'on veut, & par là de trouver la valeur de t lorfque Q est un *maximum*, ainfi que je l'ai fait ci-deffus au N°. XV. Si l'on différencie deux fois de fuite l'équation, en faifant dx conftant & $\frac{ddy}{dx^2} = 0$,

E

peuvent donner lieu à des économies confidérables de rentes pour l'emprunteur, en même temps qu'à de plus grands profits pour les prêteurs ; car il faute aux yeux, par exemple, que paffé le terme où le *maximum* de profit d'intérêt a lieu, l'emprunteur pourroit totale-ment fupprimer les rentes qu'il doit payer au-delà de ce terme, pourvu qu'il laifsât aux rentiers la faculté de lui reprêter fous les mêmes conditions la fomme d'ac-cumulation qu'ils ont faite : par ce moyen il leur fou-tiendroit le *maximum* de profit d'intérêt, ce qui leur produiroit, par conféquent, au bout d'un temps donné, une fomme réellement plus forte que celle qu'ils auroient par l'accumulation de la même rente continuée à per-pétuité : l'emprunteur continueroit à la vérité de leur payer le même denier de rente, mais ce ne feroit qu'après avoir reçu de nouveaux capitaux. Cepen-dant on peut faire beaucoup mieux encore, & j'en expoferai quelques moyens après avoir fait obferver ce *maximum* dans les rentes viagères conftituées fur un affemblage de têtes choifies, & dans quelques autres efpèces d'annuités.

Remarques.   XXV. Si dans l'équation $aq^t - iQ^t - a = 0$, on écrit

---

on aura $t = \dfrac{L[a(Lq)^2] - L[i(LQ)^2]}{LQ - Lq}$ pour la valeur de l'abciffe cor-refpondante au point d'inflexion qu'a cette courbe ; ce point fe trouve ici à l'abciffe $20,9414$, mais il n'eft pas toujours auffi près du point où la courbe coupe l'axe pour la première fois. Dans ce même exemple, la plus grande valeur pofitive de z eft à $t = 39,2603$.

nq^t à la place de Q^t on aura $t = \frac{La - L(a-ni)}{Lq}$; expreſſion qui ſe réduit à zero, lorſque $n=0$; mais qui de-
vient infinie lorſque $n = \frac{a}{i}$. Donc au bout d'un temps
infini, on aura réformé le capital avec tous ſes intérêts i pour 1, autant de fois que ce même intérêt i
pour 1 eſt contenu dans la rente, ou dans la portion
de rente qu'on accumule. D'un autre côté, l'on a
$Q^\infty = \frac{a}{i} q^\infty$; d'où $Q = q \left(\frac{a}{i}\right)^{\frac{1}{\infty}}$, $(=q)$; ce qui ſignifie que
pour obtenir le même réſultat, ou pour avoir autant
de fois, au bout d'un temps infini, le montant d'un
capital & de ſes intérêts i pour 1 que cet intérêt eſt
contenu dans la rente a, il ſuffit de placer tout de
ſuite ce capital à un intérêt compoſé j pour 1, qui ſoit
plus grand, d'une quantité infiniment petite, que l'intérêt i pour 1 auquel on accumule la rente. Or, au bout
d'un certain temps, la rente eſt une addition très-in-
ſenſible en comparaiſon du produit des intérêts d'intérêts (le capital lui-même eſt une quantité aſſez petite) ; cela pourroit donc nous conduire à comparer
ſimplement entr'eux les produits de deux ou de pluſieurs intérêts compoſés différens ; & puiſque nous
obſervons qu'une infiniment petite différence dans ces
intérêts ſuffit pour produire, au bout d'un temps infini
$\frac{a}{i}$ fois, c'eſt-à-dire ici, le double du profit qu'on auroit
fait par le plus petit des deux intérêts, nous trouve-
rions que ſi la différence entre ces intérêts étoit finie,
l'on obtiendroit au bout d'un temps infini, par le plus
grand des deux intérêts, un profit infini par rapport à

celui qu'auroit donné le plus petit intérêt ; idée qu'on peut vérifier par le calcul le plus élémentaire (13).

---

(13) En effet, si l'on vouloit savoir à quel intérêt x pour 1 il faudroit avoir placé un capital 1 , pour qu'au bout du temps t on eut un montant égal à n fois celui du capital avec ses intérêts au i pour 1 , on auroit cette équation $(1+x)^t = n(1+i)^t$, formule par laquelle faisant $n = 2$ & $i = 0,05$, on trouvera que pour qu'un capital devint égal au double du montant de ce même capital au 5 pour 100.

au bout de	Il faudroit le faire fructifier à	au bout de	Il faudroit le faire fructifier à
$t = 1$ ans	$x = 110$ pour 100	$t = 90$ ans	$x = 5,8118$
$t = 10$	$x = 12,53$	$t = 100$	$x = 5,7303$
$t = 20$	$x = 8,7028$	$t = 1000$	$x = 5,073$
$t = 30$	$x = 7,4542$	$t = 10000$	$x = 5,0073$
$t = 40$	$x = 6,3353$	$t = 100000$	$x = 5,00073$
$t = 50$	$x = 6,4657$	$t = 1000000$	$x = 5,0000724$
$t = 60$	$x = 6,2202$	$t = 10000000$	$x = 5,00000724$
$t = 70$	$x = 6,0449$		
$t = 80$	$x = 5,9137$	$t = \infty$	$x = 5.$ pour 100.

Supposons encore qu'un Banquier emprunte de l'argent au $0,04 = i$, qu'il fasse valoir au $0,06 = j$, soit $k = 1+j$, & $1+i = q$; on trouvera que

Le profit total d'intérêt en ne payant le 4 p. 100 qu'après le temps t est $y = [k^t - q^t + 1]^{1:t} - 1$	Le nombre de fois que le profit à 2 pour 100 a été fait est $z = \frac{(1+j)^t - (1+i)^t}{(1+j)^t - 1}$	L'excès du profit d'intérêt en sus du 2 pour 100 est $v = [2 + k^t - q^t - (k-i)^t]^{1:t} - 2$
si $t = 1$	$y = 2,$ pour 100	$z = 1$ fois	$v = 0,$ pour 100
$t = 10$	$y = 2,7418$	$z = 1,418016$	$v = 0,8886$
$t = 20$	$y = 3,5678$	$z = 2,090786$	$v = 2,14932$
$t = 30$	$y = 4,2644$	$z = 3,07498$	$v = 3,3518$
$t = 40$	$y = 4,7845$	$z = 4,540167$	$v = 4,2459$
$t = 50$	$y = 5,1496$	$z = 6,68808$	$v = 4,8393$
$t = 100$	$y = 5,8330$	$z = 46,24721$	$v = 5,8099$
$t = \infty$	$y = 6,$ pour 100	$z = \infty$	$v = 6,$ pour 100

Il est visible que ces différences eussent été plus grandes, si le Banquier empruntant au 6 pour 100 faisoit valoir au 8 pour 100 ; & ce que j'ai dit dans ma note 6 suffit pour rendre raison de ces effets.

Je remarquerai encore en paffant que fi l'on faìt $Q^t = nq^t = 1$, on aura $t = \frac{L(a+i)-La}{Lq}$, pour le temps où l'on auroit fimplement reformé le capital fans intérêt: d'où il fuit, que fi la rente a étoit $= i$, c'eft-à-dire perpétuelle ; & que la jouiffance dût en être partagée entre deux perfonnes également ; la première ne devroit en avoir la jouiffance que pendant 14 ans 2 mois 14 jours; & dès-lors la rente devroit appartenir à la feconde perfonne & à fes héritiers à perpétuité (14).

XXVI. On voit, par la table qui eft à la fin de ce Mémoire, que fi l'on ne faifoit qu'accumuler la rente fans la placer à aucun intérêt ou qu'on dépensât cet intérêt, on ne laifferoit pas d'avoir placé fon capital à un petit intérêt compofé qui auroit auffi fon point de *maximum*.

Temps du maximum lorfque la rente eft accumulée fans intérêts.

En effet, l'équation feroit alors $at = (1+y)^t$ dont la

---

(14) Si une annuité quelconque devant être payée pendant le temps T, on vouloit partager le temps total de la jouiffance entre un nombre m de perfonnes, de façon que l'une ne jouiffant qu'après l'autre de cette rente, aucune ne perdît d'avoir attendu, ou que fi chacune voulant vendre fon droit à cette fucceffion, le prix fut le même pour toutes : on trouveroit que le temps t, pendant lequel en doit jouir en général la n^{eme} perfonne, ou fes héritiers, eft

$$t = \frac{L[(m-(n-1))q^T+(n-1)]-L[(m-n)q^T+n]}{Lq}$$ équation de laquelle

on pourra tirer toute autre quantité inconnue. Soit $T = 40$, $m = 3$, $q = 1,05$ & n fucceffivement $= 1,2,3$; on aura $t = 6$ ans 10 mois 25 jours; 10 ans 5 mois 26 jours; 22 ans 7 mois 9 jours: & le prix d'une livre de rente feroit pour chacune de ces perfonnes $= 5$ liv. 14 f. 5 den.

différencielle eft $adt=(1+y)^t dt L(1+y)+tdy(1+y)^{t-1}$; faifant $dy=0$, éliminant y, on a $L.at=1=L.e$;

d'où $t=\frac{e}{a}$, & $y=(e)^{\frac{a}{e}}-1=(2.7182818)^{\frac{a}{2.7182818}}1$, ce qui eft le *maximum* cherché; tellement que fi $a=0,1$, on trouvera $y=0,0374731$, foit $3\frac{71}{95}$ pour 100, & $t=27,182818$ ans. Soit 27 ans 2 mois $5\frac{8}{9}$ jours.

Avec les inté-
rêts fimples.

XXVII. On trouveroit de même que dans le cas où l'on placeroit la rente à intérêts fimples, il y auroit un *maximum*, car l'équation eft $at+\frac{(t-1)ait}{2}=(1+y)^t$. La différen-cielle eft $dt[\frac{a}{2}(i(2t-1)+2)-(1+y)^t L(1+y)]=dyt(1+y)^{t-1}$, d'où, faifant $dy=0$, l'on tire

$$[i(t-1)+2]L.hyp.\left(\frac{at[i(t-1)+2]}{2}\right)=i(2t-1)+2\text{, ou}$$

$$\left(\frac{at[i(t-1)+2]}{2}\right)^{\frac{i(t-1)+2}{i(2t-1)+2}}=e\text{,}$$ équation qui renferme le temps du *maximum* cherché, & qu'on pourroit tirer, foit par les féries, foit autrement. Dans le cas où $a=0,1$ & $i=0,05$ on trouvera $y=5\frac{11}{47}$ p.$\frac{0}{0}$ au bout de $25,0934$ ans de jouiffance; c'eft-à-dire, un peu plutôt que dans les deux autres cas, ce à quoi on auroit bien pu ne pas s'attendre.

Annuités
croiffantes ou
décroiffantes.

XXVIII. Si l'annuité croiffoit ou décroiffoit chaque année de la quantité conftante $\frac{am}{N}$; l'intérêt y pour 1, auquel on trouveroit avoir placé fon capital, lorf-qu'on recevroit de ce capital une rente a pour 1, ainfi croiffante ou décroiffante, & qu'on accumuleroit à l'intérêt i pour 1, cet intérêt feroit exprimé par cette

équation $(1+y)^t = \frac{a}{Nii}[(ni \pm mq).(q^t-1) \mp mti]$; (15)
or, si l'on différencie cette équation en faisant t & y
variables, on aura pour la détermination du temps au

---

(15) Si l'on vouloit savoir au bout de quel temps l'accumulation
d'une rente ainsi croissante ou décroissante donneroit le capital sans
intérêts, ou avec les intérêts composés au denier i, on auroit ces
deux équations

$$\frac{a}{Nii}[(ni \pm mq).(q^t-1) \mp mti] = 1 , \quad \& \quad \frac{a}{Nii}[(ni \pm mq).(q^t-1) \mp mti] = q^t ;$$

ou en faisant pour abréger $\frac{a}{Nii}(ni \pm mq) = P$; & $\frac{a}{Nii}mi = Q$; la première
sera $P(q^t-1) \mp tQ = 1$; & la seconde $(P-1).(q^t-1) \mp tQ = 1$.

Cela étant, on pourroit facilement trouver la valeur de t par une
construction géométrique ; car, soit proposé de construire l'équation
$P(q^t-1) \mp tQ = 1$? On lui fera subir les transformations suivantes ;
$\frac{P}{Q}.q^t = \frac{1+P}{Q} \pm t$, ou $Rq^t = S \pm t$, d'où $t = \frac{L.(S \pm t) - L.R}{L.q}$, &
ensuite cette proportion $L.q : 1 : : L.(S \pm t) \pm L.R : t$.

Si on a $L.q : 1 : : L.(S+t) - LR : t$.

On prendra sur l'axe d'une logarithmique quelconque, dans laquelle   Fig. 5.
a est l'origine des abcisses, $ab = 1$; $ed = q$; ae sera $= Lq$; on
mènera bc parallèle à l'axe ; puis, les diagonales ac, be ; on fera
$af = S$; on mènera fi parallèle à l'axe ; on prendra sur fi, $fg = LR$;
& menant gh parallèle à ac ; puis abaissant hik, on aura $hi = t$.
En effet, $hk = S + t$, $fi = ak = L(S+t)$, $gi = L(S+t) - LR$ & les
triangles ace, gih donnent $Lq : 1 : : L(S+t) - LR : t$.   C..Q..F..T..

Si g tombe en-dedans en g', on mènera $g'h'$ parallèle à eb & $h'i'$
sera $= t$; on auroit $Lq : 1 : : LR - L(S+t) : t$.

Si $Lq : 1 : : L(S-t) - LR : t$; par le point g on mènera gh''
parallèle à ac, ou gh parallèle à be, & $i''h''$ ou $i'''h'''$ sera $= t$; par
où l'on voit qu'il y auroit ici deux solutions.

Si dans l'équation on a $+ L(S+t)$ & LR en *plus* ; on prendra LR
de l'autre côté de f en G.... &c. &c.

bout duquel le profit d'intérêt eft le plus grand, l'équation fuivante

$$(1+y)^t \, dt L(1+y) + (1+y)^{t-1} . \, t dy = \frac{a}{Nii}[(ni \pm mq) \, q^t \, dt Lq \mp midt] ;$$

Temps du *maximum* d'intérêt pour les prêteurs. faifant enfuite $dy = 0$, mettant pour $(1+y)^t L(1+y)$ fa valeur prife dans l'équation donnée, divifant le tout par $\frac{adt}{Nii}$ & paffant des logarithmes aux nombres, on a

$$a = \frac{Nii \, (e)^{\frac{t[(ni \pm mq)q^t L q \mp nii]}{(ni \pm mq)(q^t - 1) \mp mti}}}{(ni \pm mq):(q^t - 1) \mp mti} ;$$ e étant le nombre dont le logarithme hyperbolique eft l'unité.

On pourroit tirer t par les féries ; mais comme le calcul eft trop long, il vaudra mieux faire différentes fuppofitions pour t qui donneront à a différentes valeurs; & fi l'on veut la valeur de t correfpondante au *maximum* de y pour une certaine valeur de a, on la trouvera par interpolation.

Formule rélative à l'emprunteur & remarques. XXIX. Mais, avant tout, foit j l'intérêt que l'emprunteur fupporte, en payant pendant le temps T l'annuité croiffante ou décroiffante ; & foit $k = 1 + j$; l'équation qui déterminera les rapports que doivent avoir entr'eux tous les élémens N, n, a, m, &c. du calcul, fera

$$k^T = \frac{a}{Nii}[(nj \pm mk).(k^T - 1) \mp mTj] ;$$ & il n'y aura de *maximum* pour y que lorfque j fera $>$ que i ; avec cette attention, que dans les annuités décroiffantes, quelles que foient les valeurs de a & de k, mT ne fauroit être plus grand que n ; fans quoi, il y auroit un temps où les Rentiers, au lieu de recevoir, paieroient ;

païeroient; la plus grande valeur de mT eft donc $= n$ (16).

Dans le cas où $N = n$, & où $m = 0$, les annuités font égales & conftantes, & l'on retombe dans l'équation que nous avons traitée.

Quant aux annuités ainfi croiffantes, quelle que foit la valeur de m; tant que j fera $>$ que i, il paroît qu'il y aura toujours un *maximum*; & même l'on peut concevoir que fi l'accroiffement étoit lui-même variable, il pourroit y en avoir plus d'un.

XXX. Soit fait $N = n = 100 \quad i = 0,05 \quad a = 0,06$ & $0,1$; on trouvera que

Le montant de l'accumulation d'une liv. de rente (*croiffante* chaque année de 1 pour 100) avec fes intérêts compofés au 5 pour cent, eft	L'intérêt compofé auquel il auroit fallu faire fructifier un capital pour que fon montant eût été égal à l'accumulation		Tables des profits d'intérêts que donneroient certaines annuités croiffantes
	d'une annuité de 6 pour 100 croiffante chaque année de 1 pour 100.	d'une annuité de 10 pour 100 croiffante chaque année de 1 pour 100.	
au bout ans liv. de 10 13,2193	—2,344 p o*	+2,8302 p o	
20 36,0098	+3,927	6,6158	
30 74,3910	5,113	* 6,918	
40 138,1677	5,43	6,785	
50 243,3108	* 5,582	6,592	
60 415,8364	5,508	6,402	
70 699,1960	5,483	6,256	
80 1159,1872	5,446	6,121	
90 1911,4757	5,410	6,010	
100 3138,1308	5,378	5,917	

* On comprend que cet intérêt négatif fignifie ici qu'il auroit fallu efcompter la fomme pour 10 ans, au 2,344 pour 100.

(16) Suppofons ce cas; l'on auroit $= \dfrac{n}{T}$, & fi l'on faifoit, de

F

RECHERCHES

XXXI. Mais prenons la table de mortalité des Tontiniers, recueillie par Mr. De Parcieux, & suppofons que mille enfans de l'âge de trois ans ayent chacun fur leur tête une rente $\frac{a}{1000}$ qui, à la mort de chacun d'eux, foit partagée entre tous les autres, comme dans les tontines, & foit accumulée à 5 pour cent; on aura d'après cette table cette fuite *croissante*

$$\frac{aq^{t-1}}{970} + \frac{aq^{t-2}}{948} + \frac{aq^{t-3}}{930} + \frac{aq^{t-4}}{915} + \cdots \cdots + \frac{a}{1}.$$ Faifant $a=1000$;, $q=1,05$, on trouvera que:

		Et que l'intérêt compofé auquel il auroit fallu faire fructifier un capital pour que fon montant eût été égal à l'accumulation des rentes						
Le montant de l'accumulation d'une liv. de rente, dans l'origine, & de fes intérêts au 5 p. 100		4 p. %	5 p. %	6 p. %	7 p. %	8 p. %	9 p. %	10 p. %
ans	liv.							
de 3 à 13	13,8711	—6,068	—3,727	—1,853	—0,295	—1,046	+2,243	+3,326
3 à 23	37,7314	+2,079	+3,225	+4,170	+4,976	+5,679	+6,303	+6,865
3 à 33	78,4131	3,884	4,659	5,305	5,840	6,312 *	6,730 *	7,105
3 à 43	146,4893	4,519	5,104	5,584 *	5,992 *	6,346	6,666	6,941
3 à 53	259,7995	4,794	5,262 *	5,646	5,973	6,312	6,507	6,731
3 à 63	449,1661	4,932	5,323	5,643	5,915	6,151	6,359	6,547
3 à 73	769,3165	5,017	5,352	5,627	5,86	6,062	6,240	6,400
3 à 83	1346,3173	5,109	5,402	5,643	5,847	6,024	6,180	6,381
3 à 94	4667,1700	5,215	6,175	6,388	6,568	6,724	6,863	6,986

plus, $N = n$, & $\tau = \frac{q}{i}$; ces valeurs fubftituées dans l'équation du *maximum* la réduitoit à $L.\left(\frac{at}{q}\right) = L.e$; d'où $t = \frac{qe}{a}$; mais dans cette équation on a $a = \dfrac{j\,j\,k^{g:i}}{\left(j - \frac{iR}{i}\right)\left(k^{g:i} - 1\right) + j}$, par la formule rélative à l'Emprunteur. Par exemple, foit $q=1,05$; $k=1,06$; $N = n = 100$; on auroit $m = \frac{5}{1,05}$; $\tau = \frac{1,05}{,05} = 21$ ans; $a = 14,77126$ pour 100;

Par où l'on voit que les accroiffemens variables font tels que lorfque la première rente eſt $> i$, il y a deux maxima de profit d'intérêt, l'un au milieu de la vie, l'autre à la fin.

Double maximum dans les annuités croiffantes comme dans les Tontines.

XXXII. A l'égard des annuités décroiffantes,

Le montant de l'accumulation d'une liv. de rente *décroiffante* chaque année de 1 pour 100 & de fes intérêts au 5 pour 100, feroit

L'intérêt compofé auquel il faudroit faire fructifier un capital pour que fon montant fût égal à l'accumulation des rentes.

au bout de		6 p. %.	7 p. %.	8 p. %.	9 p. %.	10 p. %.
10 ans	11,93654	—3,3944	—1,8128	—0,46231	+0,71916	+1,78596
20	30,12212	+3,0034	+3,8004	+4,4957	+5,1110	+5,6682
30	58,48670	4,2734	4,8106	5,2781	5,6923	* 6,0642
40	103,43181	4,6695	5,0737	* 5,4250	* 5,7359	6,0147
50	175,38493	4,8197	5,1433	5,4245	5,6731	5,8960
60	290,661	4,880	* 5,1497	5,384	5,5910	5,7766
70	477,836	4,9109	5,1421	5,3430	5,5203	5,6793
80	784,662	4,9326	5,1350	5,3106	5,4658	5,6048
90	1278,393	4,9403	5,1202	5,2763	5,4142	5,5376
100	2081,920	4,9460	5,1080	5,2484	5,3724	5,4835

XXXIII. Si l'on accumuloit les mêmes rentes au 6 p. %, on auroit

10 ans	12,51885	—2,9031	—1,3290	+0,01507	+1,20004	+2,2719
20	33,62015	+3,5708	+4,3722	5,0714	5,692	6,25027
30	70,09126	4,9052	5,4449	5,9152	6,3319	* 6,7060
40	134,08740	5,3510	5,7577	6,1114	* 6,4243	6,7050
50	247,3767	5,5432	5,8466	* 6,1522	6,4026	6,6270
60	448,94273	5,6426	5,9143	6,1503	6,3601	6,5458
70	808,59819	5,7022	5,9352	6,13751	6,31624	6,47637
80	1451,3687	5,7424	5,9463	6,1233	6,27966	6,41979
90	2601,1548	5,7719	5,9532	6,1132	6,2494	6,3740
100	4658,9232	5,7948	5,9579	6,0996	6,2246	6,3366

Il ne fera pas hors de propos d'examiner ici quelques

$t = 19,32263$ ans, & $y = \sqrt[t]{\left(\dfrac{at}{q}\right)} - 1 = (e)^{\frac{a : q e}{}} 1 = 5,31155$ pour cent.

autres annuités décroiffantes dont on fait ufage , & qui pourroient préfenter des *maxima* de profit d'intérêt.

XXXIV. Dans les annuités conftantes , dont l'équation eft $ck^t = \frac{a(k^t - 1)}{i}$, la fuite des amortiffemens annuels du capital eft une progreffion géométrique dont l'expofant eft k ; & il eft facile de trouver que l'amortiffement de la première année eft - - - $\frac{c(k-1)}{k^t - 1} . k^0 = \frac{a}{k^t}$

- - - - de la feconde - - - - - $\frac{c(k-1)}{k^t - 1} . k = \frac{a}{k^{t-1}}$

- - - de la troifième - - - - - $\frac{c(k-1)}{k^t - 1} . k^2 = \frac{a}{k^{t-2}}$

- - - - - de la n^{eme} - - - - - $\frac{c(k-1)}{k^t - 1} . k^{n-1} = \frac{a}{k^{t-n+1}}$

D'où l'on peut conclure qu'on auroit une fuite d'annuités décroiffantes , fi l'on faifoit les amortiffemens annuels égaux.

XXXV. En effet, fuppofons, par exemple , qu'on empruntât au j pour 1 une fomme de t unités ; fous condition 1°. d'en payer chaque année les intérêts au r pour 1 ; 2°. de rembourfer chaque année par la voie du fort la t^{eme} partie du capital ; 3°. d'attribuer en outre , à chaque tirage annuel des rembourfemens des capitaux, une fomme de primes , pour être diftribuée en forme de loterie aux propriétaires des actions qu'on rembourfe.

Soit $1 + r = h$; $1 + j = k$; $1 + i = q$; & $1 + v = p$.

Si les primes annuelles font conftantes , on aura cette fuite

$$tk^t - [h + v + (t-1)r]k^{t-1} - [h + v + (t-2)r]k^{t-2} \ldots - [h + v + (t-t)r]k^0 = 0$$

ou $tk^t = \frac{tr}{j} + \frac{k^t - 1}{j}[1 + v - r(\frac{k}{j} - (t+1))]$, d'où l'on tirera

(marginal note) Emprunt rembourfable par des annuités décroiffantes.

$v = \frac{(j-r)[1-k^t(1-tj)]}{j(k^t-1)}$: & l'équation qui donnera le profit d'intérêt y pour 1 que feroient des Prêteurs également intéreſſés dans chaque tirage feroit

$$t(1+y)^t = \frac{tr}{i} + \frac{q^t-1}{i}[1+v-r(\frac{q}{i}-(t+1))].$$

Par exemple, foit $j = 0,06$; $t = 10$; $r = 0,64$ & $i = 0,05$ on aura $v = 0,1195600$. L'Emprunteur paieroit donc chaque année

    10,000000 d'amortiſſement.

       400000 pour les intérèts de cette partie.

     1,195600 de primes

    11,595600, plus les intérèts au 4 pour 100 du capital reſtant; ce qui donneroit cette ſuite de paiemens,

15,195600 à la fin de la 1ere an.	13,195600 à la fin de la 6me an.
14,795600 . . . . . . ſeconde	12,795600 . . . . . ſeptième
14,395600 . . . . . troiſième	12,395600 . . . . . huitième
13,995600 . . . . . quatrième	11,995600 . . . . . neuvième.
13,595600 . . . . cinquième	11,595600 . . . . . . dixième.

La ſomme annuelle des primes feroit $= 11,956600$; l'emprunteur ſupporteroit le 6 pour 100, & les créanciers accumulant chaque payement au 5 pour 100, trouveroient au bout 10 ans leur argent placé ou 5,4809 pour 100.

XXXVI. Mais par une telle diſtribution de payemens, les capitaux rembourſés aux premiers tirages feroient augmentés d'un plus grand profit que ceux qui feroient rembourſés vers la fin. En effet les propriétaires des dix premiers millions auroient gagné au bout d'un an le 15,956 p.o;   Inconvénient d'un tel emprunt.

& le $\sqrt[10]{[1,15956(1,05)^9]}-1=6,0473$ pour 100 au bout de 10 ans ; tandis que les propriétaires des dix derniers millions n'auroient que le $\sqrt[10]{[1,11956+\frac{0,04(1,05\overset{10}{-}1)}{0,05}]}-1=4,95984$ p. $\frac{0}{0}$ au bout de 10 ans.

Or, un emprunt qui offriroit des profits ainsi décroissans seroit de nature à baisser de valeur dans les dernières années de ses remboursemens ; & comme un Emprunteur pourroit penser que c'est bien assez que l'emprunt le mieux combiné soit sujet à baisser, parce qu'il peut devenir papier monnoie, & qu'il pourroit trouver à cela même un inconvénient : si certaines considérations morales qui pourroient quelquefois l'engager à disposer ainsi les avantages de son emprunt, ne prévaloient pas sur cet inconvénient, & qu'il voulut le diminuer ou même l'éviter ; il faudroit qu'il fît croître annuellement la somme des primes ; ce qu'on pourroit opérer d'une infinité de manières, & le plus simplement, d'une des deux suivantes.

Autres annuités décroissantes.

$tk^t-[h+v+(t-1)r]k^{t-1}-[h+2v+(t-2)r]k^{t-2}-\ldots-[h+tv+(t-t)r]=0$

ou $tk^t-[h+(p-1)+(t-1)r]k^{t-1}-[h+(p^2-1)+(t-2)]k^{t-2}-\ldots-[h+(p^t-1)+(t-t)r]=0$

XXXVII. La première équation donne

$v = \frac{(j-r)[1-k^t(1-tj)]}{k(k^t-1)-tj}=0,0238072$; ensorte que l'emprunteur payeroit

à la fin de la 1ere année	$\left.\begin{array}{l}10,400000\\238072\\3,600000\end{array}\right\}$	$=14,238072$		à la fin de la sixième année	$\left.\begin{array}{l}10,400000\\1,428311\\1,600000\end{array}\right\}$	$=13,428431$
de la seconde.	$\left.\begin{array}{l}10,400000\\476144\\3,200000\end{array}\right\}$	$=14,076144$		de la septième.	$\left.\begin{array}{l}10,400000\\1,666504\\1,200000\end{array}\right\}$	$=13,266504$
de la troisièm,	$\left.\begin{array}{l}10,400000\\714216\\2,800000\end{array}\right\}$	$=13,914316$		de la huitièm,	$\left.\begin{array}{l}10,400000\\1,904576\\800000\end{array}\right\}$	$=13,104576$
de la quatriè.	$\left.\begin{array}{l}10,400000\\952288\\2,400000\end{array}\right\}$	$=13,752288$		de la neuviè.	$\left.\begin{array}{l}10,400000\\2,142648\\400000\end{array}\right\}$	$=12,942648$
de la cinquiè.	$\left.\begin{array}{l}10,400000\\1,190360\\2,000000\end{array}\right\}$	$=13,590360$		de la dixième.	$\left.\begin{array}{l}10,400000\\2,380720\\000000\end{array}\right\}$	$=12,780720$

La somme de toutes les primes annuelles seroit $=13,093960$; l'emprunteur supporteroit le 6 pour 100; & les créanciers pris en masse auroient au bout de dix ans, $t(1+y)^t = \frac{t}{i}(r-v) + \frac{(q^t-1)}{i}[1+(t+1)r-\frac{q}{i}(r-v)] =$ $= 17,073649$: ce qui feroit le montant de leurs capitaux & des intérêts au 5,495 p. $\frac{0}{0}$. Les premiers payés gagne-roient le 6,38072 pour cent au bout d'un an; ou $\overset{10}{V}(1,0638072 \times 1,05^9) - 1 = 5,1373$ pour cent au bout de dix ans; & les derniers dix millions rapporteroient le $\overset{10}{V}(1,238072 + 0,5031153) - 1 = 5,79235$ pour cent.

XXXVIII. S'il paroissoit encore plus naturel que ceux qui font le plus long-temps privés de leurs fonds fissent un profit d'intérêt un peu plus grand; cela pour-roit s'opérer par la seconde suite. Elle donne

$$p^{t+1} p[k^t(t+1+\frac{r}{jj}(1-tj))-\frac{r}{jj}]+k[k^t(t+\frac{r}{jj}(1-tj))-\frac{r}{jj}]=0$$

ou $p^{t+1} Ap+B=0$; par conséquent, $x^{t+1} Ax+B=y$. Or, si nous faisons ensorte que x soit une valeur approchée de p, ce qui n'eſt pas difficile, puiſqu'en tout état de cauſe, x eſt $>$ que $1+j-r$ & $<$ que $1+j$ nous aurons

$$p = x - \frac{ydx}{dy} + \frac{y^2ddx}{2dy^2} - \frac{y^3d^3x}{2,3dy^3} + \&c.$$ & par conſéquent, en

général, $p = x + \frac{y}{A-(t+1)x^t} + \frac{t(t+1)x^{t-1}yy}{2[A-(t+1)x^t]^2} + \&c.$ & ici en

particulier, $p = 1,02 + p,002338577 = 1,022338577.$

Nous aurons donc

$p^1 - 1 = 0,0223386$	$p^6 - 1 = 0,1417435$
$p^2 - 1 = 0,0451763$	$p^7 - 1 = 0,1672483$
$p^3 - 1 = 0,0685241$	$p^8 - 1 = 0,1933232$
$p^4 - 1 = 0,0923933$	$p^9 - 1 = 0,2199800$
$p^5 - 1 = 0,1167959$	$p^{10} - 1 = 0,2472330$

Ainſi la ſomme de toutes les primes annuelles ſeroit $= 13,247562$, & l'emprunteur payeroit

à la fin de la 1ere année.	$\left.\begin{array}{l}10,400000 \\ 223386 \\ 3,600000\end{array}\right\} = 14,223386$	à la fin de la ſixième année	$\left.\begin{array}{l}10,400000 \\ 1,417435 \\ 0,600000\end{array}\right\} = 13,417435$
de la deuxièm.	$\left.\begin{array}{l}10,400000 \\ 451763 \\ 3,200000\end{array}\right\} = 14,051763$	de la ſeptièm.	$\left.\begin{array}{l}10,400000 \\ 1,672483 \\ 1,200000\end{array}\right\} = 13,272483$
de la troiſièm.	$\left.\begin{array}{l}10,400000 \\ 685241 \\ 2,800000\end{array}\right\} = 13,885241$	de la huitièm.	$\left.\begin{array}{l}10,400000 \\ 1,933232 \\ ,800000\end{array}\right\} = 13,133232$
de la quatrię.	$\left.\begin{array}{l}10,400000 \\ 923933 \\ 2,400000\end{array}\right\} = 13,723933$	de la neuvièm	$\left.\begin{array}{l}10,400000 \\ 2,199800 \\ 400000\end{array}\right\} = 12,999800$
de la cinquię.	$\left.\begin{array}{l}10,400000 \\ 1,167959 \\ 2,090000\end{array}\right\} = 13,567959$	de la dixième	$\left.\begin{array}{l}10,400000 \\ 2,472330 \\ 000000\end{array}\right\} = 12,872330$

Il ſupporteroit le 6 pour 100 ; & les prêteurs auroient collectivement au bout de dix ans.

$$t(1+y)^t = \frac{p}{i-v}(q^t - p^t) - \frac{r}{ii}[q^t(1-ti)-1] = 17,074655,$$ & leur argent placé au $y = 5,4958$ pour 100. Les premiers

dix

dix millions leur rapporteroient le 6,23385 pour 100 au bout d'un an ; ce qui fe réduiroit au $\sqrt[10]{(1,962338.1,05^9)} - 1 = 5,1227$ pour $\frac{0}{0}$ au bout de dix ans , s'ils ne trouvoient pas à mieux placer leur rembourfement qu'au 5 ; & les derniers dix millions rapporteroient le . . . . $\sqrt[10]{(1,247233 + ,95031153)} - 1 = 5,757$ pour 100.

XXXIX. Si l'on payoit , fur le même taux d'intérêt 6 pour 100, des annuités conftantes ; elles feroient de 13,58680 pour 100 ; la fomme d'accumulation feroit $= 17,089312$ au bout de dix ans ; & le profit d'intérêt moyen $= 5,50487$ pour 100 : profit plus grand que ceux ci-deffus , parce que , fi l'on veut ne point faire de prifmes & rembourfer tous les prêteurs également , une plus grande partie des capitaux fruₔifieroient plus long-temps au taux que l'emprunteur fupporte; ou que, fi l'on veut diftinguer dans chaque annuité , outre un amortiffement conftant , des payemens d'intérêts & des primes , ces primes feroient croiffantes ; la n^{eme} étant en général $\frac{at - 1 - r(1 + t - n)}{t}$. Il pourroit même arriver qu'elles fuffent négatives dans les premiers payemens , car celle de la première année ne feroit $= o$ que lorfque l'on prendroit $r = \frac{at - 1}{t}$; dans notre cas, par exemple , il faudroit que r fût $= 0,035868$ pour que la première prime fût nulle ; & l'on auroit cette fuite de payemens

G

à la fin de la 1ere année. $\left.\begin{array}{l}10,358680\\000000\\3,228120\end{array}\right\}=13,586800$ à la fin de la fixièm. année $\left.\begin{array}{l}10,358680\\1,793400\\1,434720\end{array}\right\}=13,586800$

de la feconde. $\left.\begin{array}{l}10,358680\\358680\\2,869440\end{array}\right\}=13,586800$ de la feptième $\left.\begin{array}{l}10,358680\\2,152080\\1,076040\end{array}\right\}=13,586800$

de la troifième $\left.\begin{array}{l}10,358680\\717360\\2,510760\end{array}\right\}=13,586800$ de la huitième $\left.\begin{array}{l}10,358680\\2,510760\\717360\end{array}\right\}=13,586800$

de la quatriè. $\left.\begin{array}{l}10,358680\\1,076040\\2,152080\end{array}\right\}=13,586800$ de la neuvièm. $\left.\begin{array}{l}10,358680\\2,869440\\358680\end{array}\right\}=13,586800$

de la cinquiè. $\left.\begin{array}{l}10,358680\\1,434720\\1,793400\end{array}\right\}=13,586800$ de la dixième $\left.\begin{array}{l}10,358680\\3,228120\\000000\end{array}\right\}=13,586800$

La fomme des primes feroit $= 16,14060$, les premiers payés auroient au bout de dix ans, $(1,0483365)^{10}$ & les derniers, $(1,053968)^{10}$.

Mais fi l'on faifoit $r = 0,04$, l'Emprunteur auroit à payer

à la fin de la 1ere année $\left.\begin{array}{l}10,400000\\-413200\\3,600000\end{array}\right\}=13,586800$ à la fin de la fixième année $\left.\begin{array}{l}10,400000\\1,586800\\1,600000\end{array}\right\}=13,586800$

de la feconde. $\left.\begin{array}{l}10,400000\\-13200\\3,200000\end{array}\right\}=13,586800$ de la feptième $\left.\begin{array}{l}10,400000\\1,986800\\1,200000\end{array}\right\}=13,586800$

de la troifièm. $\left.\begin{array}{l}10,400000\\+386800\\2,800000\end{array}\right\}=13,586800$ de la huitièm. $\left.\begin{array}{l}10,400000\\2,386800\\800000\end{array}\right\}=13,586800$

de la quatriè. $\left.\begin{array}{l}10,400000\\786800\\2,400000\end{array}\right\}=13,586800$ de la neuviè. $\left.\begin{array}{l}10,400000\\2,786800\\400000\end{array}\right\}=13,586800$

de la cinquiè. $\left.\begin{array}{l}10,400000\\1,186800\\2,000000\end{array}\right\}=13,586800$ de la dixième. $\left.\begin{array}{l}10,400000\\3,186800\\000000\end{array}\right\}=13,586800$

la fomme des primes feroit $= 13,868000$ les premiers payés auroient au bout de dix ans $0,9986794 \times (1,05)^5 =$ $= (1,044751)^{10}$, & les derniers auroient $(1,061816)^{10}$.

Donc dans le cas où tous les Prêteurs ne feroient pas également intéreffés à chaque paiement annuel cette forme de rembourfemens auroit l'inconvénient contraire à celui que nous avons trouvé à la fuite des rembourfemens du N°. 35.

XL. Mais fi l'on vouloit éviter ces deux inconvéniens & faire que les forts des Prêteurs, forts inégaux en apparence, le fuffent en réalité (*hyp.*) ; il n'y auroit qu'à faire croître les primes de manière que dès la fin de la t^{eme} année les montans de chaque rembourfement & de leurs intérêts au i pour 1, fuffent égaux entr'eux, & il eft aifé de voir que pour obtenir ce réfultat, il faudroit que, la première prime étant v, la n^{eme} fut en général $\left(\frac{i-r}{i}+v\right)q^{n-1}-\frac{i-r}{i}$, & que

$$v=\frac{(j-i)\left[tk^t(j-r)-r(k^t-1)(\frac{i-i}{ji})\right]}{j(k^t-q^t)}-\frac{(i-r)}{i}.$$ Faifant donc $j=$ $=0,06$; $i=0,05$; $r=0,04$; & $t=10$: on trouveroit $v=0,0600787$. De forte que l'Emprunteur paieroit

à la fin de la 1ere année. $\left.\begin{array}{l}10,400000\\600787\\3,600000\end{array}\right\}=14,600787$	à la fin de la fixième année $\left.\begin{array}{l}10,400000\\1,319338\\1,600000\end{array}\right\}=13,319338$
de la deuxièm $\left.\begin{array}{l}10,400000\\730827\\3,200000\end{array}\right\}=14,330827$	de la feptièm. $\left.\begin{array}{l}10,400000\\1,485304\\1,200000\end{array}\right\}=13,085304$
de la troifièm. $\left.\begin{array}{l}10,400000\\867369\\2,800000\end{array}\right\}=14,067369$	de la huitièm. $\left.\begin{array}{l}10,400000\\1,659570\\,800000\end{array}\right\}=12,859570$
de la quatriè. $\left.\begin{array}{l}10,400000\\1,010737\\2,400000\end{array}\right\}=13,810737$	de la neuvièm $\left.\begin{array}{l}10,400000\\1,842548\\400000\end{array}\right\}=12,642548$
de la cinquiè. $\left.\begin{array}{l}10,400000\\1,161275\\2,080000\end{array}\right\}=13,561275$	de la dixième $\left.\begin{array}{l}10,400000\\2,034675\\000000\end{array}\right\}=12,434675$)

Il fupporteroit le 6 pour cent & chacun des créanciers auroit au bout de dix ans $(1+y)^t = (h+v)q^{t-1} = (1{,}0549035)^{10}$; cependant les dix premiers millions rapporteroient plus du dix pour cent au bout d'un an ; les dix fuivans plus du 7,475, ainfi de fuite.

XLI. Enfin, comme les Prêteurs pris en maffe feroient le plus grand gain poffible fi leurs capitaux étoient tous rembourfés à la fois, avec leurs intérêts au j pour 1, à la fin de la dernière année ; plus la férie des amortiffemens feroit divergente, plus l'on atteindroit ce but. Mais comme la loi de cette férie doit réfulter de l'emploi que l'emprunteur fait de l'argent & des rentrées que cet emploi lui procure à certaines époques, je me bornerai à faire encore ici deux fuppofitions.

La première eft que la fuite des amortiffemens fe faffe felon la progreffion arithmétique 1, 2, 3, 4.......t.

La feconde eft que cette fuite foit en progreffion géométrique $\therefore f^0, f^1, f^2, f^3, f^4.....f^{t-1}$

Faifant toujours variables les primes annuelles & croiffantes comme $\left(\frac{i-r}{i}+v\right)q^{n-1} - \frac{i-r}{i}$ pour égalifer les avantages des prêteurs ; la première fuppofition nous donnera

$$\frac{t \cdot t+1}{2} \cdot k^t = \frac{t \cdot t+1}{2} \cdot \frac{r}{j} \cdot k^t + \frac{(k^t-1)kr(j-i)}{jjt} + \frac{i(1+v)-r}{i(j-i)}\left\{\frac{k(k^t-q^t)}{j-i} - tq^t\right\} - (j-i) \cdot \frac{rt}{jjt}$$

$$\& \ v = \frac{\left\{\frac{t \cdot t+1}{2j} \cdot (j-r)k^t - \frac{(k^t-1)kr(j-i)}{jjt} + (j-i)\frac{rt}{jjt}\right\} \cdot (j-i)}{\frac{k(k^t-q^t)}{j-i} - tq^t} - \frac{(i-r)}{i}$$

$= 0{,}073399.$

La feconde fuppofition nous donnnera

$$\frac{f^t-1}{f-1}\cdot k^t = \left(\frac{f^t-k^t}{f-k}\right)\cdot r\cdot\left(\frac{(f-1)-i}{i(f-1)}\right)+\left(\frac{f^tq^t-k^t}{fq-k}\right)\cdot\left(\frac{i-r}{i}+v\right)+\frac{rf^t}{f-1}\left(\frac{k^t-1}{j}\right)$$

$$\& \; v = \frac{\left\{\frac{f^t-1}{f-1}\cdot k^t-\left(\frac{f^t-k^t}{f-k}\right)r\left(\frac{(f-1)-i}{i(f-1)}\right)-\frac{rf^t}{f-1}\left(\frac{k^t-1}{j}\right)\right\}\overline{f^tq^t-k^t}}{f^tq^t-k^t} - \frac{(i-r)}{i}$$

Si l'on faifoit $f=2$, c'est-à-dire, que la fuite des amortiffemens fût $\div$ 1, 2, 4, 8, 16, 32, ---$2^{t=1}$, & que l'on gardât toujours les mêmes valeurs de j, i, r & t employées dans ces derniers paragraphes, on trouveroit $v=0,0906668$; l'emprunt feroit compofé de 1023 actions d'une valeur quelconque; l'emprunteur fupporteroit le 6 pour $\frac{0}{0}$, & tous les prêteurs auroient au bout de 10 ans, $(1,0578006)^{10}$, pour chaque unité de capital prêté.

Quant à la première fuppofition, elle donneroit les payemens fuivans.

à la fin de la 1ere année.	1,040000 73399 2,160000 } =3,273399	à la fin de la fixième année	6,840000 893604 1,360000 } =8,493604
de la deuxièm	2,080000 174138 2,080000 } =4,334138	de la feptièm	7,280000 1,164665 1,080000 } =9,524665
de la troifièm.	3,120000 304267 1,960000 } =5,384267	de la huitièm.	8,320000 1,477598 760000 } =10,557598
de la quatriè.	4,160000 465974 1,800000 } =6,425974	de la neuvièm	9,360000 1,835413 400000 } =11,595413
de la cinquiè.	5,200000 661591 1,600000 } =7,461591	de la dixième	10,400000 2,241315 000000 } =12,641315

Si l'on cherchoit la valeur de tous ces payemens au moment où fe feroit l'emprunt, en les efcomptant au 6 pour 100, on la trouveroit à très-peu-près égale à la fomme empruntée, laquelle eft fuppofée ici être

$=55,000000$, d'où il fuit que l'emprunteur fupporteroit le 6 pour 100. Quant aux prêteurs ils auroient
tous au bout de dix ans une fomme d'accumulation
exprimée par $(1,056174)^{10}$, c'eft-à-dire, le montant de
leurs capitaux & de leurs intérêts compofés au 5,6174 p. $\frac{3}{4}$.

Maxima des profits faits à ces annuités. XLII. Maintenant je dis que les quatre premières
hypothèfes de rembourfement expofés aux Nᵒˢ 36, 37,
38 & 39 donneront toujours, lorfque $r > i$, des *maxima*
de profits d'intérêt pour les prêteurs, auxquels il faudroit avoir égard; par exemple, fi dans la troifième
hypothèfe on faifoit $r=0,08$; $i=0,05$ & $p=1,025$; foit

$$q^t\left(\frac{p}{i-v}-\frac{r}{ii}(1-ti)\right)-\frac{p^{t+1}}{i-v}+\frac{r}{ii}=N;$$ l'équation par laquelle
il faudroit déterminer le temps du *maximum* fera

$$\frac{N}{t}\left(1+L\left(\frac{N}{t}\right)\right)-q^t\left\{\frac{r}{i}+\left(\frac{p}{i-v}-\frac{r}{ii}(1-ti)\right)Lq\right\}+\frac{p^{t+1}Lp}{i-v}=0$$

dans laquelle les logarithmes font hyperboliques, &
l'on trouvera $t=38,77139$, ainfi des deux autres.

Mais les trois dernières hypothèfes expofées aux
Nᵒˢ 40 & 41 n'admettent point de *maximum*, ni en
général aucune de celles dans lefquelles on feroit croître
les primes de manière à égalifer les profits; parce que
les équations par lefquelles il faudroit déterminer ces
maxima, fe réduiront toujours à $(1+y)^t=(h+v)\,q^{t-1}$,
équation qui n'admet point de *maximum*.

Je paffe ici fur une foule d'obfervations & de calculs;
afin d'en venir plus promptement aux rentes viagères
Rentes via-gères. qui nous importent le plus.

Valeurs cal-culées par Mr. de Parcieux. XLIII. M. de Parcieux a calculé les prix des rentes viagères fur des têtes qui mourroient comme les rentiers des

tontines qui furent créées en France en 1689 & 1696.
Il a trouvé qu'une perfonne de 9 ans, par exemple,
doit donner 16 , 27 liv. , pour avoir pendant toute
fa vie une liv. de rente, fi l'emprunteur paye l'intérêt
au 5 pour 100 ; ce qui établit le viager à 6 liv. 3 fols
pour 100 de capital.

Si l'emprunteur payoit l'intérêt au 5 ½ pour 100, cette
même perfonne devroit donner 15, 03 liv. ; ce qui établit le viager à 6 liv. 13 fols pour 100 liv. de prêt : &
fi l'emprunteur payé l'intérêt au 6 ¼ pour ⁰⁄₀ , elle devra
donner 13,66 liv. ; ce qui établit le viager à 7 liv. 6 f.
5 den. pour 100 liv.

XLIV. Comme les rentes viagères fe payent par fix Autres calculs
mois , & d'après des intérêts beaucoup plus forts que fur les mêmes
ceux que M. de Parcieux a fuppofés ; j'ai calculé tables.
d'après la même table de mortalité les prix de telles
rentes viagères pour tous les âges ; & pour ne citer
que quelques exemples, j'ai trouvé que fi l'emprunteur
tient compte des intérêts au 2 ½ pour ⁰⁄₀ par fix mois,
une perfonne de dix ans doit donner 32,70541 liv. , prix
le plus fort pour avoir une livre de rente viagère par
fix mois ; ce qui établit le viager à 3,0576 pour ⁰⁄₀ par
fix mois.

Si l'emprunteur paye les intérêts au 3 pour ⁰⁄₀ par fix
mois , la même perfonne devra donner 28,38619 liv.
pour la même rente ; ce qui établit le viager au 3,52284
pour ⁰⁄₀ par fix mois.

Si l'emprunteur paye les intérêts au 3 ½ pour ⁰⁄₀ par
fix mois, elle devra donner 25,01442 : ce qui établit
le viager au 3,9977 pour ⁰⁄₀ par fix mois.

Si l'emprunteur paye l'intérêt au 4 pour $\frac{0}{0}$ par 6 mois ; le prix de la même rente pour le même âge de dix ans fera 22,3233 liv. & l'intérêt viager fera au 4,47962 p. $\frac{0}{0}$ par fix mois.

Si l'emprunteur paye l'intérêt au 4 $\frac{1}{2}$ pour $\frac{0}{0}$ par fix mois, le prix le plus fort, & par conféquent le meilleur âge fera alors à onze ans. Une perfonne de cet âge devra donner 20,1360 liv. pour une livre de rente viagère par fix mois ; ce qui établit le viager au 4,96623 pour 100 par fix mois.

Enfin, fi l'emprunteur paye 5 pour $\frac{0}{0}$ par fix mois d'intérêt ; il devra 5,45504 pour $\frac{0}{0}$ de viager à une perfonne de onze ans ; ou celle-ci devra lui donner 18,33167 liv. pour avoir toute fa vie une livre de rente à chaque fix mois.

J'ai auffi calculé d'après cette table de mortalité les prix des rentes viagères fur deux, trois & plufieurs têtes, & pour quelques autres fuppofitions ; pour les tontines, les caiffes de veuves, les reverfions ou furvivances, les fucceffions, &c. (17). Mais comme on

---

(17) On trouvera auffi dans mes élémens des tables de mortalité pour l'un & l'autre fexe féparément, tirées des régiftres mortuaires de la ville de Genève, avec diftinction des morts de petite vérole & de rougeole, & quelques calculs de rentes & de probabilités de vies faits d'après ces tables.

Sans entrer ici dans le détail des corrections que ces tables paroiffent exiger, de même que toutes les tables mortuaires, lorfqu'on les compare avec la fuite des naiffances pendant plufieurs années, &c. je me bornerai à donner ici deux courbes, fig. 6, au moyen defquelles on peut fe faire une idée de la mortalité de l'un & l'autre

Fig. 6.

pourroit

pourroit vouloir fuivre le calcul de mortalité des rentiers de
Hollande & d'Angleterre, recueilli par M. de Kerfeboom,

---

fexe, obfervée à Genève pendant les 74 premières années de ce
fiècle. Ces courbes font voir entr'autres, qu'abftraction faite des troupes
qui ont été récemment établies dans cette ville pour la police inté-
rieure, il y exifte beaucoup plus de femmes que d'hommes; quoiqu'il naiffe davantage de ceux-ci dans le rapport de 22 à 21 : d'où
il fuit qu'elles s'expatrient moins qu'eux. Et fi l'on pouvoit tirer une
conclufion immédiate de ces tables mortuaires pour la population réelle
& actuelle, & pour la loi de mortalité; il en réfulteroit que le fort
d'un grand nombre de filles qui fe marient eft de fe trouver un jour
veuves, non - feulement parce que, felon l'ordre naturel, des hommes
âgés de 25, 30, 35 ans, &c. vivent moins longtems que des femmes
âgées de 20, 25, 30, &c. 5 ans plus jeunes ; mais parce qu'à Genève
en particulier, toutes chofes d'ailleurs égales, la loi de mortalité paroit enlever plus d'hommes que de femmes.

Pour donner un exemple de tout ceci, je prendrai un des cas les
plus favorables à la durée des mariages; je fuppoferai que les hommes
ayent tous 25 ans & les femmes 20 ans, lorfqu'ils fe marient. Selon
la méthode ordinaire de trouver la population par les tables mortuaires, le nombre des hommes fubfiftans à l'âge de 25 ans, feroit
dans une ville 74 fois auffi grande que Genève =10948; & le nombre des femmes de 20 ans feroit =15223. Au bout de 5 ans les
hommes âgés de 30 ans feroient au nombre de 10182; & les femmes
âgées de 25 ans au nombre de 14485, comme on le voit dans les
deux premières colonnes de la table ci-deffous. Dans cette même ville
il y auroit 580360 filles & femmes vivantes depuis l'âge de 20 ans
jufqu'à celui de 105, & feulement 353914 hommes depuis l'âge de
25 ans jufqu'à 105 ; d'où il fuit qu'il y auroit dans une ville 74 fois auffi
grande que Genève 226446 filles, à compter dès l'âge de 20 ans, qui
ne pourroient jamais connoitre les douceurs du mariage, à moins
qu'elles n'époufaffent un jour des veufs, & que les veuves ne fe re-
mariaffent pas. Quant à Genève, en diftrayant du nombre total des

H

je prendrai des valeurs de rentes conformes à celles
que donne M. de S^t. Cyran, dans un ouvrage qu'il a

---

filles au-deſſus de 20 ans, un nombre égal à celui des hommes
célibataires, on en trouveroit encore 3060 non mariées & fixées pour
toujours dans cette ville.

Uniſſons actuellement 100 jeunes gens de 25 ans avec 100 demoi-
ſelles de 20; & examinons ce que deviendroient ces mariages. Poſant
100 au lieu de 10948 & de 15223, on trouvera, au moyen des nombres des deux premières colonnes de la table ci-après, & d'une
ſimple règle de trois, les nombres écrits aux 4eme & 5eme colonnes.
Puis déſignant par la variable Υ le nombre décroiſſant des 100 hommes qui ſubſiſteroient aux différens âges; par y la ſomme de ceux
qui ſeroient morts depuis l'âge de 25 ans; déſignant, de même, par les
variables Z & z les nombres des femmes corrélatifs à ceux des hommes
dont nous venons de parler; mais à partir de l'âge de 20 ans: enfin,
le nombre des mariages étant $M=100$, on aura

$$M = \Upsilon + y$$
$$M = Z + z$$

$$MM = \Upsilon Z + yZ + \Upsilon z + yz \quad \& \quad M = \frac{\Upsilon Z}{M} + \frac{yZ}{M} + \frac{\Upsilon z}{M} + \frac{yz}{M}$$

Et ſelon les principes les plus certains du calcul des probabilités,
$\frac{\Upsilon Z}{M}$ ſera le nombre des mariages dans leſquels les deux conjoints
ſeront vivans.

$\frac{yz}{M}$ ou $y\left(1 - \frac{Z}{M}\right)$ ou $z\left(1 - \frac{\Upsilon}{M}\right)$ celui des mariages dans leſquels les deux
conjoints ſeront morts;

$\frac{\Upsilon z}{M}$ ou $\Upsilon\left(1 - \frac{Z}{M}\right)$ le nombre des veufs exiſtans;

& $\frac{yZ}{M}$ ou $Z\left(1 - \frac{\Upsilon}{M}\right)$ celui des veuves.

Au moyen de quoi, calculant les nombres des 7, 8, 9 & 10emes colonnes, on verra entr'autres, que dans la moitié de ces mariages un
ſeul des conjoints ſera mort au bout de 23 ans, & tous deux au bout de

publié fur les rentes viagères, & qui a été approuvé par l'Académie Royale des Sciences.

47 ans ; que le nombre des veufs & des veuves. augmentera jufqu'à un certain point après lequel il diminueroit ; que le nombre des veufs aura atteint fon *maximum* vers la 35ᵉ année, & celui des veuves vers la 40ᵉ ; que de ces deux *maxima*, celui des veuves contiendroit pref-qu'une fois & trois quarts celui des veufs ; qu'il y auroit encore des veuves quand tous les hommes feront morts, &c. &c.

De plus, fuppofons que pendant (105-20) ou 85 ans il fe foit fait annuellement 100 mariages dans lefquelles la femme avoit 20 ans & l'homme 25 ; il feroit facile de favoir à-peu-près combien il exifte conftamment dans Genève de veufs & de veuves de ces mariages, tant anciens que nouveaux, en pofant

1°. Pour le nombre des mariages dans lefquels le mari & la femme font encore vivans,

$$\left\{ \frac{100+0}{2}+88,496+78,14+\cdots+0,004+0 \right\} \times 5+\frac{100+0}{2}=\ldots$$

$$=2478,895 \text{ , foit } 2479.$$

2°. Pour le nombre des mariages dans lefquels la femme eft morte,

$$\left\{ \frac{0+0}{2}+4,509=8,725+\cdots+0,064+0 \right\} \times 5+\frac{0+0}{2}=\ldots$$

$$=758,625 \text{ , foit } 759 \text{ , (c'eft-à-dire, le nombre des veufs de tout âge.)}$$

3°. Pour le nombre des mariages dans lefquels le mari eft mort,

$$\left\{ \frac{0+0}{2}+6,658+11,816+\cdots+0,066+0 \right\} \times 5+\frac{0+0}{2}=\ldots$$

$$=1336,250 \text{ , foit } 1336 \text{ , (c'eft-à-dire le nombre des veuves de tout âge.)}$$

4°. Pour le nombre des mariages dans lefquels les deux conjoints font morts.

$$\left\{ \frac{0+100}{2}+0,339+1,319+\cdots+99,934+100 \right\} \times 5+\frac{0+100}{2}=\ldots$$

$$=4026,230 \text{ , foit } 4026.$$

En tout 8600, c'eft-à-dire, 85×100 + les 100 mariages qui commen-cent avec la première des 85 années.

Il paroîtroit par ces calculs, que la caiffe d'efcompte qui a été

XLV. Je fuppoferai donc que le prix d'une livre de rente par année pour une perfonne âgée de 8 ans , eft

récemment établie dans Genève, pour la profpérité de quelques fabriques , pourroit en même temps affurer les vies des hommes en faveur de leurs femmes & de leurs filles , ou fe charger de payer à celles-ci une

I.		II.		III.		IV.		V.		VI.	
Nombres d'hommes & de femmes vivans dans une ville 74 fois aufli grande que Genève, donnés par les tables mortuaires de la ville pendant les 74 premières années de ce fiècle.				x		y		Z		z	
				maris exiftans.		maris morts.		femmes fubfiftantes.		femmes mortes.	
hommes.		femmes.		au bout de				au bout de			
ans.		ans.									
25	10948	20	15223	100,000	0	0,		100,000	0	0,	
30	10182	25	14485	93,003	5	6,997		95,152	5	4,848	
35	9510	30	13694	86,865	10	13,135		89,956	10	10,044	
40	8725	35	12873	79,695	15	20,305		84,565	15	15,435	
45	7896	40	11936	72,123	20	27,877		78,407	20	21,593	
50	6953	45	11085	63,509	25	36,491		72,817	25	27,183	
55	6027	50	10102	55,051	30	44,949		66,360	30	33,640	
60	5017	55	9022	45,826	35	54,174		59,266	35	40,734	
65	3924	60	7657	35,842	40	64,158		50,299	40	49,701	
70	2798	65	6124	25,557	45	74,443		40,229	45	59,771	
75	1796	70	4476	16,505	50	83,495		29,403	50	70,597	
80	951	75	3011	8,687	55	91,313		19,779	55	80,221	
85	373	80	1618	3,425	60	96,575		10,628	60	89,372	
90	117	85	650	1,069	65	98,931		4,270	65	95,730	
95	31	90	220	283	70	99,717		1,445	70	98,555	
100	7	95	59	064	75	99,936		0,387	75	99,613	
105	0	100	10	0	80	100,000		0,066	80	99,934	
		105	0		85			0,000	85	100,000	

âge des hommes.   âge des femmes.   années de mariages.   années de mariages.

⚌15, 77 liv. fi les intérêts font comptés au 5 pour ⅝; ce qui établit le viager fur le pied de 6 liv. 6 fols 10 d.

rente pendant leur vie, après la mort du défunt, moyennant une fomme comptée une fois pour toutes, ou quelques petits payemens annuels, dé‑ pendans même de la vie des perfonnes qui conftitueroient le fonds.

VII.		VIII.		IX.		X.	
$\dfrac{\Upsilon Z}{M}$		$\dfrac{\Upsilon z}{M}$		$\dfrac{Z y}{M}$		$\dfrac{y z}{M}$	
Mariages exiftans en entier.		veufs exiftans.		veuves exiftantes.		Mariages tota‑ lement éteints.	
au bout de 0	100,000	ans.	0,	ans.	0,	au bout de 0	0,
5	88,494	30	4,509	25	6,658	5	0,339
10	78,140	35	8,725	30	11,816	10	1,319
15	67,394	40	12,301	35	17,171	15	3,134
20	56,550	45	15,573	40	21,857	20	6,020
25	46,246	50	17,263	45	26,571	25	9,920
30	36,532	55	18,519	50	29,828	30	15,121
35	27,159	60	18,667 *	55	32,107	35	22,067
40	18,028	65	17,814	60	32,271 *	40	31,887
45	10,281	70	15,276	65	29,948	45	44,495
50	4,823	75	11,682	70	24,580	50	58,915
55	1,718	80	6,969	75	18,061	55	73,252
60	0,364	85	3,061	80	10,264	60	86,311
65	0,046	90	1,023	85	4,224	65	94,707
70	0,004	95	0,279	90	1,441	70	98,276
75	0,000	100	0,064	95	0,387	75	99,549
80			0	100	0,066	80	99,934
85					0	85	100,000
années de mariages.		âge des veufs.		âge des veuves.		années de mariages.	

par chaque 100 liv.; ou que fi l'emprunteur fupporte le 6 pour cent d'intérêt, le prix de la même rente viagère fur la même tête eſt = 13,75 liv. qui revient à 7 liv. 5 f. 6 den, de viager pour 100 liv.

Je fuppoferai, en fecond lieu, que fi la rente étoit payable fur la plus longue de deux vies unies, & que les perfonnes fuffent âgées de fix ans, le prix d'une livre de rente viagère par année feroit = 18,10 liv. lorfque l'emprunteur tient compte de l'intérêt au 5 p. $\frac{2}{3}$. ce qui établit le viager à 5 liv. 10 f. 6 d. pour 100 liv.; & que fi l'emprunteur paye l'intérêt au 6 pour $\frac{2}{3}$, le prix de la livre de rente eſt = 15,54 liv. foit 100 liv, pour 6 liv. 8 fols 9 den.

XLVI. Après quoi, comme il faut trouver l'accumula- tion des rentes, je raifonnerai ainfi. Puifque le prix d'une rente viagère eſt = 15,77 liv. dès l'âge de 8 ans, lorf- que les intérêts font à 5 p. $\frac{2}{3}$; & puifqu'en général, à l'expiration d'une rente quelconque, on doit toujours avoir une fomme d'accumulation égale au montant du prix de cette rente, avec les intérêts compofés au taux dont l'emprunteur eſt convenu en faveur des prêteurs; il s'enfuit, que le montant de l'accumulation d'une livre de rente viagère depuis l'âge de 8 ans jufqu'à celui de 96 fera = $15,77 \times (1,05)^{96-8}$ = 1154,755 × 1. Mais fi, au lieu d'une livre de rente, on en recevoit dix; on auroit dix fois ce produit ou 11547,55. Et en général, au bout de 88 ans, on aura 1154,755 × R pour le montant de l'accumulation au 5 pour cent de R livres de rentes viagères annuelles conftituées fur des têtes de 8 ans, lorfqu'on fera intéreffé fur un certain nombre de têtes à la fois. Pareillement, fi les rentiers accumulent au 6 pour cent, on aura, en fuivant le même raifonnement, $R \times 13,75 \times (1,06)^{96-8}$ ou $R \times 2318,564$, au bout de 88 ans, pour le montant de l'accumulation de R livres de rentes viagères annuelles fondées fur ces mêmes têtes de 8 ans.

On trouvera, de même, que fi la rente viagère R eft fur deux têtes de 6 ans, & qu'on l'accumule à 5 p. $\frac{0}{0}$; le montant de l'accumulation au bout de 90 ans de jouiffance fera $R \times 18,10 \times (1,05)^{96-6} = R \times 1461,22$; & que fi la même rente viagère fur deux têtes de ce même âge eft accumulée à 6 pour cent, le montant feroit $R \times 15,54 \times (1,06)^{96-6} = R \times 2944,281$.

XLVII. Quant aux fommes d'accumulation d'un âge à l'autre; pour y parvenir, il faudra retrancher, du prix de la rente pendant toute la vie, le prix *actuel* de la même rente viagère qui commenceroit feulement à être payée au bout du temps pendant lequel on veut accumuler; avec cette attention, que comme les prix dans les tables font pour un même nombre indéterminé de perfonnes (en fuppofant que les tables mortuaires repréfentent la vraie loi de mortalité) & qu'il s'agit ici de l'accumulation des rentes viagères fur un certain nombre de têtes fixé lors de la création de la rente, il faudra encore diminuer le fecond prix dans la proportion du nombre des rentiers vivans, lors de la création de la rente, au nombre de ceux qui fubfifteront à ce fecond âge.

D'un âge à l'autre.

Si donc l'on vouloit avoir le montant M de l'accumulation de la rente R fur une tête depuis 8 ans à

39 ans on feroit

$$M = R \left\{ 15,77 - \frac{13,00}{(1,05)^{31}} \cdot \frac{615}{913} \right\} \cdot (1,05)^{31} \text{ fi l'on accum. à 5 p.} \tfrac{0}{0}.$$

$$M = R \left\{ 13,75 - \frac{11,68}{(1,06)^{31}} \cdot \frac{615}{913} \right\} \cdot (1,06)^{31} \text{ fi l'on accum. à 6 p.} \tfrac{0}{0}.$$

Et fi la rente étoit fur deux têtes on auroit de 6 à 37 ans

$$M = R \left\{ 18,10 - \frac{15,81}{(1,05)^{31}} \times \frac{(947)^2 - (947 - 635)^2}{(947)^2} \right\} \times (1,05)^{31}$$

$$M = R \left\{ 15,54 - \frac{13,98}{(1,06)^{31}} \times \frac{(947)^2 - (947 - 635)^2}{(947)^2} \right\} \times (1,06)^{31}$$

XLVIII. J'ai trouvé que les accumulations à 5 pour $\tfrac{0}{0}$ de ces fortes d'annuités décroiffantes donnoient en général le *maximum* d'intérêt vers la 31eme année de jouiffance, fi la rente eft de dix pour cent; vers la 36eme, fi la rente eft de 9 pour cent; & vers la 42eme, fi la rente eft de 8 pour cent. Et qu'en accumulant au 6 pour cent, ces mêmes rentes, il faudroit environ 33 ans de jouiffance pour la rente de dix pour cent, 39 ans fi la rente eft 9 pour cent, & 49 ans fi la rente eft 8 pour cent : bien entendu que le plus grand des *maxima* aura lieu lorfqu'on commencera l'accumulation dès l'âge où le prix de la rente eft le plus fort; c'eft pourquoi je n'ai extrait des différentes tables que les nombres rélatifs à ces époques. Un plus grand détail & une plus grande exactitude feroient ici de peu d'utilité.

Temps des maxima d'intérêts pour ces rentes.

Prix

XLIX.

Sur une tête.

Prix d'une liv. de rente viagère par femeftre, calculé fuivant l'ordre de mortalité de M. de Parcieux.	Viager pour 100	ans.	Intérêt fructifiant par 6 mois, auquel il auroit fallu avoir placé le capital pour que fon montant eût été égal à l'accumulation des rentes viagères de .			Temps corrélatif d'annuités pour les Prêteurs.		
L'intérêt à 2 & demi pr. 100 par 6 m.			5 pour 100 par 6 m.	4 & demi p. 100 p 6 m.	4 pour 100 par 6 mois.	ans.	m.	j.
âgée de								
10 ans. 32,7054	3,0576	de 10 à 96	2,7935	2,73055	2,66023	34	5	15
41 26,9987	3,70388	de 10 à 41	3,08083	. . .	. . .			
46 25,0243	3,99605	de 10 à 46	. . .	2,9083	. . .			
52 22,4050	4,0975	de 10 à 52	. . .	. . .	2,7594			
L'intérêt à 3 pr. 100 par 6 mois.								
10 ans. 28,3862	3,5228	de 10 à 96	3,2099	3,14674	3,07607	32	3	7
43 23,6200	4,2337	de 10 à 43	3,4075	. . .	. . .			
49 21,6200	4,6253	de 10 à 49	. . .	3,25618	. . .			
59 17,7800	4,6243	6e 10 à 59	. . .	. . .	3,11374			

L.

Prix d'une livre de rente viagère par année, calculé fuivant l'ordre de mortalité de M. de Kerfeboom.	Viager.	ans.	Intérêt fructifiant par année, auquel il auroit fallu avoir placé fon capital, pour que fon montant eût été égal à l'accumulation des rentes viagères de			Temps corrélatif d'annuités pour les Prêteurs.		
L'intérêt au 5 pour 100.			10 p. 100. par année.	9 p. 100. par année.	8 p. 100. par année.	ans.	m.	j.

Sur une tête.

	Viager.	ans.	10 p. 100.	9 p. 100.	8 p. 100.	ans.	m.	j.
âgée de								
8 ans. 15,77	6,2416	de 8 à 96	5,545	5,4186	5,2776	31	10	3
39 13,00	7,6875	de 8 à 39	6,10676	. . .	. . .			
44 12,19	8,2083	de 8 à 44	. . .	5,771	. . .			
50 11,07	9,0333	de 8 à 50	. . .	. . .	5,4651			
L'intérêt au 6 pour 100.								
8 ans. 13,75	7,275	de 8 à 96	6,3843	6,257	6,115	29	10	29
41 11,45	8,7333	de 8 à 41	6,76032	. . .	. . .			
47 10,57	9,4666	de 8 à 47	. . .	6,4498	. . .			
57 9,00	11,1125	de 8 à 57	. . .	. . .	6,1684			

Sur deux têtes.

L'intérêt à 5 pour 100.	Viager.	ans.	10 p. 100.	9 p. 100.	8 p. 100.	ans.	m.	j.
âgées de								
6 ans 18,10	5,525	de 6 à 96	5,9963	5,5708	5,4328	48	2	28
37 15,81	6,325	de 6 à 37	6,38105	. . .	. . .			
42 15,10	6,6208	de 6 à 42	. . .	6,045	. . .			
48 14,05	7,1166	de 6 à 48	. . .	. . .	5,71775			
L'intérêt à 6 pour 100.								
6 ans. 15,54	6,4375	de 6 à 96	6,5205	6,3958	6,2567	46	2	25
39 13,78	7,2541	de 6 à 39	7,0333	. . .	. . .			
45 13,06	7,6541	de 6 à 45	. . .	6,7109	. . .			
55 11,56	8,65	de 6 à 55	. . .	. . .	6,404			

I

Remarques sur la table précédente.

LI. Cette table préfente les plus grands profits d'intérêts qu'on puiſſe faire, en plaçant en rentes viagères de 8, 9 & 10 p. $\frac{0}{0}$ l'an, & de 5, 4 $\frac{1}{2}$ & 4 p. $\frac{0}{0}$ par femeſtre. On voit, par exemple, que ſi la rente viagère eſt annuellement de 10 p, $\frac{0}{0}$ ſur une tête, que ſi on ne l'accumule qu'à 5 p. $\frac{0}{0}$, & que toutes les têtes, ſur chacune deſquelles elle aura été conſtituée, meurent comme les rentiers d'Hollande & d'Angleterre, le plus grand profit d'intérêt qu'on pourra faire, ſera au bout de 31 ans de jouiſſance, temps compris de 8 à 39 ans; & que cet intérêt eſt égal à 6,10676 p. $\frac{0}{0}$, ſoit 6 $\frac{8}{75}$ p. $\frac{0}{0}$: on voit qu'au bout de 88 ans, c'eſt-à-dire, après la mort de la dernière tête, ce profit d'intérêt ſeroit feulement de 5,545 p. $\frac{0}{0}$, ſoit 5 $\frac{6}{11}$ p. $\frac{0}{0}$. On voit de même, que ſi au lieu de 10 p. $\frac{0}{0}$, la rente n'étoit que de 9 p. $\frac{0}{0}$, le plus grand profit d'intérêt qu'on pourroit faire en accumulant cette rente au 5 p. $\frac{0}{0}$, ſeroit au bout de 36 ans de jouiſſance; que cet intérêt eſt égal à 5,771, ſoit à 5 $\frac{64}{83}$ p. $\frac{0}{0}$; & qu'on n'auroit au bout de 88 ans de jouiſſance, que le 5,4186 p. $\frac{0}{0}$, ſoit le 5 $\frac{18}{21}$ p. $\frac{0}{0}$ de ſon argent (18).

---

(18) Je fuppoſe ici que les rentes font nettes de tous frais & exemptes de retenues; qu'il n'y a point d'arriéré; qu'elles font conſtituées fur des têtes bien choiſies; que l'augmentation annuelle du numéraire n'affoiblira point fenſiblement la valeur des rentes dans les temps à venir; & que les banquiers les ont cédées au prix d'achat. Cependant il eſt à remarquer que quand un banquier gagne

o p. $\frac{0}{0}$; ou 1,91344 p $\frac{0}{0}$; ou 7,57753 p. $\frac{0}{0}$; ou 13,9033 p. $\frac{0}{0}$; ou 21,0222 p. $\frac{0}{0}$ ſoit o p. $\frac{0}{0}$; 　1 $\frac{74}{81}$; 　　7 $\frac{42}{73}$; 　　13 $\frac{28}{31}$; 　　21 $\frac{1}{45}$ p. $\frac{0}{0}$

LII. Ainſi un capitaliſte, qui ne pourroit accumuler qu'au 5 p. ⁰⁄₀ ſes rentes chez un banquier, gagneroit en cédant au banquier toutes ſes rentes de 8, 9 & 10 p. ⁰⁄₀, pourvu que celui-ci s'engageât de lui payer, pendant un certain temps, au lieu du 5 p. ⁰⁄₀, le 5 ½, le 5 ¼ & le 6 de ſes capitaux. D'un autre côté le banquier, dût-il

---

ſur le capital qu'il avance, ou ſur le prix des contrats qui ſont ſes marchandiſes, la rente 10 pour 100 eſt réduite

à 9 ¹¹⁄₁₄ p. ⁰⁄₀;   9 ½;   9 ;   8 ½ ;   & 8 p. ²⁄₀.

Parce que, outre le gain ſur la ceſſion des rentes, & indépendamment du bénéfice qu'il peut faire en ne les payant pas à meſure qu'il les reçoit, le banquier ſe réſerve ordinairement, 1°. le 2 pour cent de proviſion ſur chaque paiement; & que, 2°. quand enſuite il vient à payer ces rentes, il fait (à Genève) un change par lequel il fait encore perdre plus de un pour cent ſur le reſtant de la rente. Car il ſuppoſe qu'il va vous payer en argent courant de Genève; & que, vû ſa rareté, 100 liv. courantes équivalent, par exemple, à 167 ¼ de France. Après cela, comme il exiſte très-peu d'argent courant en comparaiſon de ce qu'il en faudroit pour faire ſes paiemens, il vous paie en argent de France, mais ſeulement à raiſon de 165 ¹²¹⁄₁₄₁ de France pour 100 liv. de Genève, ou de 14 liv. 10 ſ. 6 d. cour. pour 24 liv. de France. Ainſi, après avoir réduit, par ſa proviſion, 100 liv. de rentes à 98 liv.; il réduit, par le change, ces 98 liv. de France à 58 liv. 11 ſ. 11 d. de Genève; & ces 58 liv. 11 ſ. 11 d. de Genève à 96 liv. 16 ſ. 4 d. de France : au moyen de quoi, il y a 3 liv. 3 ſ. 8 d. de perte par chaque 100 liv. de rentes. Les rentes ſont donc réduites comme ci-deſſus, & les profits d'intérêts en conſéquence.

En général, ſoit a pour 1 la rente que l'emprunteur paie; — i la perte ſur une livre de rente provenant de la proviſion & du change; j le profit qu'a fait le banquier ſur chaque livre du prix de la rente; r pour 1 la rente réduite par toutes ces cauſes; on aura $r = \dfrac{a(1-i)}{1+j}$, &c.

I iĳ

ne faire valoir qu'au 6 p. % ces rentes, pourroit auffi gagner confidérablement à ce marché, comme on peut le voir par la table précédente. Mais fi le banquier, au lieu d'accumuler les rentes au 6 p. %, ne les accumuloit qu'au 5 p. %, & qu'il s'engageât néanmoins de payer le 6 p. % des capitaux, intérêts compofés, il perdroit certainement à ce marché; 1°. fi les rentes n'étoient pas de 10 p. %; 2°. fi, dans ce cas, il ne rembourfoit pas les capitaliftes vers le temps où le *maximum* de profit d'intérêt a lieu.

LIII. Si au lieu de 10 p. % par an, on recevoit 5 p. % par femeftre qu'on accumulât à 2 ½ p. % par femeftre; & que les têtes fuffent choifies comme les intéreffés aux tontines créées en France en 1689 & 1696; le plus grand profit d'intérêt qu'on pourroit faire avec la rente 5 p. %, feroit le 3,08083 p. %, foit le $3\frac{8}{33}$ p. % par 6 mois : on n'auroit à la mort de toutes les têtes que le 2,7935, foit le $2\frac{11}{14}$ p. % par femeftre. On voit, de même, que fi la rente étoit de 4 ½ p. % par 6 mois, le plus grand profit d'intérêt par 6 mois feroit le 2,9083, foit le $2\frac{10}{11}$ p. %; & qu'on n'auroit, au bout de 86 ans de jouiffance, que le 2,73055 foit le $2\frac{19}{26}$ p. % d'intérêt par femeftre.

LIV. Chacun peut aifément vérifier ces calculs. Si on les trouve juftes, on en conclura, que fi plufieurs perfonnes ont fait une grande fortune, en s'intéreffant dans les rentes *de la forme ufitée*; c'eft parce qu'elles les ont achetées à un prix fort au-deffous de leur valeur réelle, ou qu'elles ont négocié fur ces effets. Mais les vrais prêteurs font ceux qui gardent toujours la rente, & c'eſt leur bénéfice dont il s'agit ici ; or ce bénéfice eſt fort petit en comparaiſon de celui qu'on imagineroit d'abord.

LV. De plus, je dis qu'il y a une grande diſproportion entre ces profits d'intérêts & le taux d'intérêts que l'emprunteur ſupporte pour chaque réſidu annuel de l'emprunt. Car il eſt aiſé de trouver, au moyen des calculs que j'ai donné au N°. (44) qu'indépendamment de l'embarras & des fraix qu'entraînent ces ſortes d'établiſſemens, lorſqu'un emprunteur veut rembourſer, ſans gain ni perte, un capital par des rentes viagères ſur pluſieurs têtes ſéparées de l'âge de 10 ans ; il faut qu'il faſſe valoir chaque réſidu annuel de l'emprunt au 4,5306, ſoit au 4 26/49 p. 0/0 par 6 mois, ſi la rente viagère eſt de 5 p. 0/0 par ſemeſtre ; ou au 4,0182, ſoit au 4 1/55 p. 0/0 par 6 mois, ſi la rente viagère eſt de 4 1/2 p. 0/0 par ſemeſtre ; & au 3 1/2 p. 0/0 par 6 mois, ſi la rente eſt de 4 p. 0/0 par ſemeſtre.

Ces diſparités ſont bien plus grandes ſi les *mêmes* rentes viagères ſont payables pendant la plus longue de 2, 3, ou pluſieurs vies unies ; parce qu'elles reſſemblent d'autant mieux alors à des annuités conſtantes, égales aux rentes, & payables pendant le temps de la plus grande durée de la vie humaine, qui, en n'admettant pas d'autres tables de mortalité que celles dont je viens de parler, ni plus qu'environ 1400 rentiers, ſeroit de 96 ans.

Or, 1°. j'ai déjà fait voir que, même dans le cas des annuités conſtantes, bien loin que les profits d'intérêts des préteurs augmentent en proportion du taux que

Inégalité entre le taux d'intérêt ſupporté par l'emprunteur & le profit des prêteurs.

l'emprunteur fupporte, lorfque les annuités font fortes & de longue durée ; cés profits d'intéréts décroiffent après un certain temps. Mais 2°. cette difproportion entre le denier de l'emprunt, & le denier de profit des prêteurs, diminueroit à mefure qu'ils pourroient accumuler à un plus haut intérêt, & s'évanouiroit tout-à-fait s'ils pouvoient accumuler au denier de l'emprunt. Donc il eft généralement démontré par là, que dans les rentes viagères à gros denier & de longue durée, l'emprunteur fupporte à pure perte une charge d'intérêt dont perfonne ne profite ; que, par conféquent, cette forme de rembourfement eft alors très-défectueufe & qu'il feroit à fouhaiter, pour l'intérêt de tous, qu'on la modifiât de manière qu'elle n'eût point le double inconvénient dont je viens de parler.

Annuités équivalentes à la rente pour l'emprunteur.

LVI. Avant que de paffer à cette recherche, comparons encore les rentes viagères à des annuités conftantes ; ou cherchons le temps pendant lequel il feroit égal à l'emprunteur & aux rentiers que les rentes fuffent payées chaque année, comme s'il ne fût point mort de têtes, & ceffaffent enfuite totalement au lieu de diminuer chaque année par la mort des têtes.

1°. On trouvera par la formule des annuités $t = \frac{La - L(a - ci)}{L(1+i)}$, que fi l'emprunteur fait réellement valoir au 4,5306 pour 100 par femeftre, ni plus ni moins, il lui feroit égal, toute autre confidération à part, de rembourfer un capital par des rentes viagères de 5 pour $\frac{o}{o}$ par 6 mois fur l'âge de 10 ans, ou par des paiemens

conſtans de 5 pour ⁰/₀ par ſemeſtre , qui dureroient pendant 26 ans 8 mois 10 ¹¹/₁₇ jours.

2°. Que s'il fait valoir au 4,0182 pour ⁰/₀ par 6 mois ,
il lui feroit égal de payer 4 ½ pour ⁰/₀ de rentes viagères
par ſemeſtre ſur le même âge , ou 4 ½ pour ⁰/₀ de rentes
conſtantes par ſemeſtres pendant 28 ans 4 m. 8 ¹⁶/₂₇ jours.

3°. Que s'il fait valoir au 3 ½ pour ⁰/₀ par ſix mois , il
lui feroit égal de payer 4 pour ⁰/₀ de rentes viagères par
ſemeſtre ſur le même âge; ou 4 pour ⁰/₀ de rentes conſt-
tantes , auſſi par ſemeſtre, pendant 30 ans 2 m. 20 ¹²/₂₇ j.

Mais ſi la rente viagère eſt ſur deux têtes ; le temps
eſt plus long, comme on le voit dans la table : il iroit
même fort au-delà, ſi les rentiers étoient choiſis comme
les tontiniers.

LVII. Or, les égalités que nous venons d'établir au-
roient-elles lieu auſſi pour les prêteurs ? On va voir
que non; car prenons ſeulement pour exemple le cas
où la rente de 5 pour ⁰/₀ par 6 mois ſera payée pendant
26 ans 8 mois 10 jours.

Si les prêteurs pouvoient accumuler la rente à 4,5306
p. ⁰/₀ par ſemeſtre , ils auroient au bout de 26 ans 8 mois
10 jours un montant =1065,187 liv. pour 100 l. de prêt;
& la préſente valeur de cette annuité, auſſi bien que
de la rente viagère feroit pour les uns & pour les autres =100 liv.

Mais ſi les prêteurs ne pouvoient accumuler les 5 l. Pour les prê-
de rentes qu'au 2 ½ pour ⁰/₀ par 6 mois, ils auroient au teurs.
bout de 26 ans 8 m. 10 j. un montant $\frac{a(q^t-1)}{i}$=547,456
liv. pour 100 liv. de prêt ; ce qui feroit ſeulement le

montant du capital & des intérêts au $3,2355$ pour $\frac{2}{3}$ par fix mois. Or, quoique ce profit d'intérêt fût plus grand qu'aucun de ceux qu'ils feroient par la rente viagère, celle-ci cependant leur donneroit enfin un profit plus grand que ne feroit l'annuité constante. Une preuve de cela, c'est que ces $547,456$ liv. vaudroient actuellement $\frac{547,456}{(1,025)^{53,3908}} = 146,4852$ liv. au lieu que la rente viagère, leur donnant au bout de 86 ans un montant $= 5 \times 32,70541 \times (1,025)^{172} = 11431,29$ l.; la valeur actuelle en est $\frac{11431,29 \text{ l.}}{(1,025)^{172}} = 5 \times 32,70541 = 163,527$ liv.

Deux efpèces de valeurs des rentes viagè- tes.

LVIII. Par cette opération, l'on voit que de telles rentes viagères ont, *au moins*, deux efpèces de valeurs; l'une est le prix que l'emprunteur demande aux prêteurs pour un intérêt viager; prix que je fais $= 100$ liv. L'autre, est la valeur d'un de ces contrats lorfqu'il est en la poffeffion des prêteurs; valeur qui est d'autant plus grande que les prêteurs pouvoient moins bien placer leur argent avant un tel emprunt, & qui est dans ce cas $= 163,527$ liv., ou en général, égale au prix d'une livre de rente, en fuppofant ce bas intérêt, multiplié par le nombre d'unités contenues dans cette rente (19). Non-feulement cette

---

(19) Dans ce cas, on trouvera, en fe fervant des tables de M. de Kerfeboom, que le prix feroit le même, & $=157,7$ liv. pour une rente viagère de 10 liv. fur une tête de 8 ans, ou de $8,7127$ liv. fur 2 têtes de 6 ans, ou de $8,3838$ liv. fur 3 têtes de 5 ans, ou de $7,97913$ liv. fur toutes les têtes de 5 ans, ou de $7,885$ liv. à perpétuité, l'intérêt étant compté à 5 pour cent: mais les prêteurs auroient des *maxima* de profits d'intérêt fort inégaux. De plus, on peut voir fans calcul que les

feconde

feconde valeur eft celle du rembourfement que l'emprunteur auroit à faire aux prêteurs, s'il vouloit annuller les

taux d'intérêt auxquels l'emprunteur devroit faire valoir chaque réfidu
annuel du prix ci-deffus, pour n'avoir ni gain ni perte en payant
chacune de ces diverfes rentes, feroient très-différens.

Je me fuis borné dans ce mémoire à examiner les principales conféquences que doit avoir, dans les emprunts les plus ufités, une dif_
férence entre le denier auquel fe font ces emprunts, & le denier
ordinaire auquel on accumule. Les *affurances fur les vies*, qui font
un des moyens encore peu ufités par lefquels on peut emprunter
même avec gain, me paroiffent offrir un exemple trop frappant des
effets de cette différence d'intéréts, pour que je ne leur donne pas
place ici.

Suppofons, pour fimplifier les calculs, que de N perfonnes d'un
certain âge, il en meure conftamment pendant un certain temps t, un
nombre m par année, & qu'une de ces perfonnes veuille faire payer la
fomme f fi elle vient à mourir dans l'efpace de temps t. Il eft aifé de
voir que fi l'affureur, faifant valoir à l'intérêt $j = k - 1$, veut tenir compte
à cette perfonne d'un petit intérêt $j - u = v = r - 1$, cette perfonne aura
à payer tout de fuite en un feul paiement

$$A = \frac{mf}{N} \left\{ \frac{1}{r} + \frac{1}{r^2} + \frac{1}{r^3} + \cdots \cdots \cdots + \frac{1}{r^t} \right\} =$$

$$= \frac{mf}{N} \cdot \frac{(r^t - 1)}{v r^t} = \frac{mf}{N} \cdot \frac{[(k-u)^t - 1]}{(j-u) \cdot (k-u)^t} \; ; \text{ valeur actuelle de l'héritage de la}$$

fomme f pendant le temps t.

Mais fi cette perfonne vouloit acquitter cette affurance par autant de
paiemens annuels a qu'elle vivra d'années pendant le temps t, ce feroit
l'affureur qui feroit cenfé placer en rentes viagères, pendant le temps t,
la fomme A fur la vie de cette perfonne. Or, fi nous fuppofons que
l'affureur doive faire un gain dans cette affurance, il pourra paroître
naturel qu'il demande que la rente foit établie fur un denier j ou $k - 1$
plus grand de la quantité u que celui v fur lequel avoit été évaluée la
fomme A. Dans ce cas, fi les paiemens annuels a doivent fe faire au

K

contrats, mais elle exprime auſſi la charge qu'il ſupporte pour chaque 100 liv. qu'il a reçues, ſi au lieu de les

commencement de chaque année, l'on aura cette équation

$$a=\frac{\frac{mf}{N}\left\{\frac{1}{r}+\frac{1}{r^2}+\frac{1}{r^3}+\cdots\cdots\cdots\frac{1}{r^t}\right\}}{\frac{1}{N}\left\{n+\frac{n-m}{k}+\frac{n-2m}{k^2}+\frac{n-3m}{k^3}\cdots+\frac{n-(t-1)m}{k^{t-1}}\right\}}=$$

$$=\frac{\frac{mf}{N}\left(\frac{r^t-1}{vr^t}\right)}{\frac{1}{Njjk^{t-1}}\left\{(k^t-1)(nj-m)+tmj\right\}},$$ formule qui ſe réduit à

$$a=f\left(\frac{r^t-1}{vr^t}\right)\cdot\frac{j}{k\left(t-\frac{k-1}{jk^t}\right)}, \text{ ou à } a=f\left\{\frac{(k-u)^t-1}{(j-u)(k-u)^t}\right\}\cdot\frac{j}{k\left(t-\frac{k^t-1}{jk^t}\right)}$$

lorſque $N=n=t$, & que $m=1$.

Or u peut avoir toutes ſortes de valeurs depuis o juſqu'à $k-1$.

1°. Lorſque $u=0$, ou que $v=j$; $a=\frac{f(k^t-1)}{k^{t+1}\left(t-\frac{k^t-1}{jk^t}\right)}$. Alors ſi $v=j=0$,

$$a\left(=\frac{ft}{N}\cdot\frac{2N}{2tn-t(t-1)m}\right)=\frac{2f}{t+1}; \text{ & ſi } v=j=\infty, \ a=\frac{f}{t}; \text{ ainſi les}$$

limites des valeurs de a, feront compriſes entre $\frac{2f}{t+1}$ & $\frac{f}{t}$.

2°. Lorſque $u=k-1$, ou que $v=0$; A eſt $=f$, ce qui eſt la plus grande valeur admiſſible de A, vu qu'il n'eſt pas naturel qu'on doive donner plus de f liv. pour aſſurer f liv. à ſa mort. Dans ce cas

$$a=\frac{ftj}{k\left(t-\frac{k^t-1}{jk^t}\right)}, \text{ & quoique ſuſceptible de toutes les valeurs compriſes}$$

entre ∞ & $\frac{f}{t}$, ſa plus grande valeur admiſſible ſera $a<f$.

Maintenant je dis qu'on peut avoir une infinité de valeurs de a égales entr'elles & cela, 1°. par une infinité de différentes valeurs de $j-u$; 2°. par une infinité de différentes valeurs de u. D'où il ſuit, qu'indépendamment de la différence qu'apporte, dans les ſommes d'accumulation,

faire valoir à l'intérêt requis pour qu'il ne perde rien, il ne peut les faire valoir qu'au même intérêt auquel

---

la fubftitution d'un denier à un autre, telle table de prix des affu-rances fur les vies, dont la différence connue u des intérêts men-tionnés ci - deffus, paroîtroit donner un gain légitime à l'affureur, pourroit au contraire, felon le taux d'intérêt auquel il fait valoir, lui donner un profit ou trop grand, ou trop petit, ou même une perte.

En effet, foit $t=56=(86-30)$; c'eft-à-dire, foit propofé de trouver la prime annuelle a que doit donner une perfonne âgée de 30 ans, pour qu'on paye $f=100$ liv. à fes héritiers, au moment de fon décès.

foit $u=0$ pour 100.

$v=0$ & $j=0$ p. 100, on aura	$a=3,50877$
$v=1$ & $j=1$	$a=3,1850$
$v=2$ & $j=2$	$a=2,9204$
$v=3$ & $j=3$	$a=2,70506$
$v=4$ & $j=4$	$a=2,5299$
$v=5$ & $j=5$	$a=2,38705$
$v=6$ & $j=6$	$a=2,2698$
$v=7$ & $j=7$	$a=2,1729$
$v=8$ & $j=8$	$a=2,0919$
$v=9$ & $j=9$	$a=2,0234$
$v=10$ & $j=10$	$a=1,9650$
$v=\infty$ & $j=\infty$	$a=1,78571$

foit $u=1$ p. 100.

$v=0$ & $j=1$ on aura	$a=4,17511$
$v=1$ & $j=2$	$a=3,7205$
$v=2$ & $j=3$	$a=3,36105$
$v=3$ & $j=4$	$a=3,07023$
$v=4$ & $j=5$	$a=2,83658$
$v=5$ & $j=6$	$a=2,64793$
$v=\infty - 1$ & $j=\infty$	$a=1,78571$

foit $u=2$ pour 100.

$v=0$ & $j=2$ p. 100, on aura	$a=4,88119$
$v=1$ & $j=3$	$a=4,28547$
$v=2$ & $j=4$	$a=3,81478$
$v=3$ & $j=5$	$a=3,44241$
$v=4$ & $j=6$	$a=3,14658$
$v=\infty - 2$ & $j=\infty$	$a=1,78571$

foit $u=3$ pour 100.

$v=0$ & $j=3$ on aura	$a=5,61767$
$v=1$ & $j=4$	$a=4,8640$
$v=2$ & $j=5$	$a=4,27721$
$v=3$ & $j=6$	$a=3,81861$
$v=\infty - 3$ & $j=\infty$	$a=1,78571$

foit $u=4$ pour 100.

$v=0$ & $j=4$ on aura	$a=6,37606$
$v=1$ & $j=5$	$a=5,45364$
$v=2$ & $j=6$	$a=4,74464$
$v=\infty - 4$ & $j=\infty$	$a=1,78571$

foit $u=5$ pour 100.

$v=0$ & $j=5$ on aura	$a=7,14896$
$v=1$ & $j=6$	$a=6,06944$
$v=\infty - 5$ & $j=\infty$	$a=1,78571$

Ces calculs font plus que fuffifans pour faire voir que les valeurs des primes annuelles a peuvent rentrer les unes dans les autres, quoi-que les intérêts fur lefquels on les calcule, foient très-différens; que

K ij

les prêteurs accumulent. Sa perte feroit dans ce cas ci-deſſus $63\frac{20}{74}$ pour 100 ſur la vente des contrats. Il

---

a, par exemple, peut être $=3,50877$, ſoit que v & $j=0$ (ou $u=j$); ſoit que $v=0,0143145$ & $j=0,0243145$, (ou $u=0,01$) ſoit que $v=0,028105$ & $j=0,048105$, (ou $u=0,02$); ſoit que $v=0,038211$ & $j=0,068211$, (ou $u=0,03$) &c. &c. On trouveroit encore la même valeur de a en faiſant $v=0,01$ & $j=0,016069$; $v=0,02$ & $j=0,033264$; $v=0,03$ & $j=0,051765$; $v=0,04$ & $j=0,0716325$; $v=0,05$ & $j=0,092941$; ainſi de ſuite à l'infini.

Or, dans tous ces cas, le profit ou la perte ſe feroient ſur le prix A qui ne paroît point, & qui eſt variable au gré de $j-u$. Mais ne feroit-il pas bien plus naturel que le profit fût établi ſur la ſomme f qu'on aſſure, laquelle peut reſter conſtante, quoique v & j ſoient variables? C'eſt même le ſeul moyen que je voie d'éviter ces apparentes abſurdités, ou même de grandes erreurs où pourroient conduire l'ignorance de l'obſervation que je fais ici. Pour cet effet, on n'auroit qu'à multiplier par $1 +$ le denier de profit la valeur de a, lorſqu'elle ne donneroit ni gain ni perte, & que nous avons trouvée ci-deſſus en faiſant $u=0$.

En effet, qu'on ſuppoſe a connu, & qu'on cherche quel denier de profit y pour 1 l'aſſureur aura fait chaque année ſur les ſommes f qu'il paye, en ſuppoſant qu'il ait reçu au commencement de chaque année les payemens a, compétens aux ſuſdites ſommes f, & qu'il ait toujours fait valoir au denier i les excédens de ſa recette ſur ſa dépenſe? on aura cette équation.

$$atq^t - fq^{t-1} + a(t-1)q^{t-1} - fq^{t-2} + a(t-2)q^{t-2} - fq^{t-3} + \cdots\cdots + aq - f = \frac{fy(q^t-1)}{i}$$

$$\text{ou } \frac{atq^{t+1}}{i} - \left(f + \frac{aq}{i}\right) \cdot \left(\frac{q^t-1}{i}\right) = \frac{fy(q^t-1)}{i}$$

$$\text{d'où } a = \frac{f(q^t-1)}{q^{t+1}\left(t - \frac{q^t-1}{iq^t}\right)} \times (1+y).$$

L'intérêt i, auquel on accumule étant connu, il ſera donc aiſé par ce moyen d'établir un gain fixe pour l'aſſureur, auſſi bien que de con-

pourroit donc rembourfer ces 163 $\frac{12}{74}$ liv. ou tout de fuite; ou par une rente perpétuelle de 4 liv. 1 f. 9 $\frac{1}{6}$ d. par

---

noître le denier de profit que fait telle compagnie d'affurance fur les vies. Par exemple, LA SOCIE'TE' AMICALE de Londres demande

une prime $\left\{\begin{array}{l}3 \text{ liv.} \\ 13 \text{ f. } 6 \text{ d.} \\ 5\end{array}\right.$ pour payer 100 liv. à la mort $\left.\begin{array}{l}20 \text{ ans.} \\ 30 \\ 50\end{array}\right\}$
annuelle a de $\left\{\begin{array}{l}3 \\ 6\end{array}\right.$ d'une perfonne âgée de. . .

Or, en fuivant cette hypothèfe de mortalité, on trouveroit en faifant $y = 0$, qu'un affureur qui feroit valoir au 5 pour 100 n'auroit ni gain ni perte en demandant une prime annuelle $\frac{f(q^t - 1)}{q^{t+1}\left(t - \frac{q^t - 1}{iq^t}\right)}$ de $\left\{\begin{array}{l}1 \text{ l. } 19 \text{ f. } 1 \text{ d.} \\ 2 \quad 7 \quad 9 \\ 4 \quad 1\end{array}\right.$ pour payer 100 liv. à la mort d'une perfonne âgée de $\left.\begin{array}{l}20 \text{ ans.} \\ 30 \\ 50\end{array}\right\}$

D'où il fuit que fi cet affureur demandoit les mêmes primes que LA SOCIE'TE' AMICALE, il gagneroit, pour 100, $y = \frac{3}{1,95375} - 1 = 53,55$; $y = \frac{3,625}{2,387047} - 1 = 53,955$; $y = \frac{6,25}{4,05049} - 1 = 54,3$; c'eft-à-dire, en général & à fort peu près, 54 liv. fur chaque 100 liv. affurées.

Comme ces 54 liv. feroient le montant du profit de l'affureur au décès des perfonnes âgées de 20, 30 & 50 ans; les valeurs p de ce profit au moment où fe feroit l'affurance, feroient très-différentes dans ces trois cas; car elles fe réduiroient à 15,71 liv. pour le premier cas; à 18,03 liv. pour le fecond, & à 24,82 liv. pour le troifième; & pour éviter ces différences, il faudroit prendre $y = \frac{p t i q^t}{q^t - 1}$. Mais les valeurs des 100 l. à ce même moment étant proportionnelles à ces réductions de profit, cela n'eft point néceffaire.

Par cette méthode, & en fuivant certaines loix de mortalité, on pourra dreffer des tables qui montrent avec précifion ce que doivent donner au commencement de chaque année des perfonnes qui veulent s'affurer ou affurer à d'autres, felon différentes conditions, une fomme payable en cas de vie, ou de mort; ou fe faire efcompter la valeur d'une furvivance, &c. Il y a fi peu de perfonnes qui ne foient dans un de ces cas, que je ne doute pas qu'une compagnie d'affurance fur les vies, comme celle de Londres, ne fût fort utile, & ne fît fort bien dans tout pays.

femeſtre, puiſque c'eſt le 2 ½ p. º₀ de 163 liv. 10 ſ. 6 ½ d.;
ou comme il fait, par la rente viagère 5 liv.; ou par des
annuités conſtantes de grandeurs & de durées différentes; enfin, d'une infinité de manières plus ou moins
convenables. L'eſſentiel eſt qu'il rembourſe 163 l. 10 ſ. 6 ½ d.
pour chaque 100 liv. qu'il a reçues.

Temps du rembourſement par des annuités conſtantes.

LIX. Or, s'il veut les rembourſer par des rentes égales
de 5 liv. par ſemeſtre, il faudra qu'il les paie pendant

$$t = \frac{La - L(a-ci)}{L(1+i)} = \frac{L5 - L(5 - 163,527 \times 0,025)}{L1,025} = 34 \text{ ans } 5 \text{ mois}$$

15 jours. Ou plus généralement quelle que ſoit la grandeur du viager, il faudra qu'il paye une rente conſtante
qui lui ſoit égale, pendant autant de temps qu'il la payeroit, ſi le viager étoit établi ſur l'intérêt uſuel auquel
les prêteurs accumulent, & qu'il voulût le convertir
en annuités ou demi annuités; & comme ce temps eſt
auſſi bien celui depuis lequel les rentes viagères à recevoir compenſeroient les rentes perdues par la mort des
rentiers ; je l'appellerai volontiers *le temps moyen de
la jouiſſance d'une rente viagère ſur une tête.* Qu'on
me permette ici de faire une digreſſion à ce ſujet.

Erreur dans l'eſtimation des rentes viagères.

LX. Une erreur commiſe par la plupart des ſpéculateurs
en rentes viagères, c'eſt de croire que la valeur d'une
rente conſtituée ſur un aſſemblage de têtes choiſies eſt
égale à la valeur de cette rente qui ſeroit payée conſtamment ſans diminution, pendant le temps de la vie
moyenne des têtes choiſies. C'eſt ainſi qu'après avoir
appris par des tables mortuaires que la vie moyenne
des enfans de 9 ans eſt de 47 ans, on imagine qu'une
conſtitution de 10000 liv. de rente, répartie entre 30

têtes de 9 ans, équivaut à une annuité conſtante de 10000 liv. payée pendant 47 ans.

Mais que ſignifie cette détermination de vie moyenne? Elle ſignifie ſeulement que 30 têtes de 9 ans peuvent compter de vivre en ſomme un nombre d'années égal à $47 \times 30 = 1410$. Ainſi, il eſt vrai que le rentier peut compter recevoir en tout 1410 fois la rente que rapporte une ſeule tête, ſomme réellement égale à celle qui ſeroit payée au créancier de l'annuité conſtante pendant 47 ans. Quant aux ſommes qu'ils recevront, il eſt vrai que le rentier & le créancier de l'annuité ſuppoſée ſont dans la même poſition. Mais cette poſition devient très-différente, ſi l'on fait attention aux temps où ils ſeront payés de ces ſommes égales; & tous les calculateurs connoiſſent l'importance de cette conſidération. En effet, tandis qu'à la 47e année le créancier de l'annuité auroit tout reçu, il reſteroit au rentier à recevoir une partie aſſez conſidérable de ce qui lui revient, & même les derniers payemens lui ſeront faits à une époque aſſez éloignée, après la 80e année. Sa poſition vaut donc bien moins que celle du créancier de l'annuité ſuppoſée; car il eſt bien moins avantageux en général d'être payé plus tard que plus tôt.

Un ſimple coup-d'œil ſuffit pour faire appercevoir cette diſparité entre la poſition d'un rentier ordinaire, & celle de ce créancier imaginaire d'une annuité conſtante; mais le calcul eſt néceſſaire pour une eſtimation rigoureuſe, & j'en ai donné le réſultat. On y voit que le rentier eſt dans la même poſition qu'un créancier d'une annuité conſtamment égale à la rente entière, qui dureroit pendant 34 ans 5 mois 15 jours, au lieu de 47 ans, comme on le croyoit.

Erreur fur meilleur âge pour les conf- titutions de rente;

LXI. Une autre erreur qui mérite auſſi d'être relevée, quoique moins importante que la précédente, mais qui eſt bien plus excuſable, c'eſt celle des perſonnes qui ayant découvert par des tables de mortalité l'âge où la vie moyenne eſt la plus longue, concluent que cet âge eſt le plus avantageux pour les conſtitutions de rente. Cette concluſion eſt précipitée. L'on devroit feulement con- clure que cet âge eſt celui qui fera ſortir du coffre de l'emprunteur la plus grande ſomme. Mais l'on s'expo- fera toujours à l'erreur, ſi l'on conclud ſans égard aux époques du payement, qu'il vaut mieux avoir à rece- voir une plus groſſe ſomme qu'une moindre. Car ſi le payement de la plus groſſe ſomme eſt retardé, il pourra arriver que ſon eſcompte fera plus que compenſer ſon excès ſur la moindre ſomme; c'eſt ce qui arrive dans ce cas. En conſultant en détail les tables mor- tuaires, l'on voit qu'après l'âge de la plus grande vie moyenne, il y a un aſſez grand nombre de morts promptes, qui diminuant la ſomme peu après ſa conf- titution, obligent le rentier d'attendre une époque fort éloignée, où la vie extraordinairement longue de quel- ques-unes de ſes têtes compenſe la mort prompte de celles qu'il a perdues peu après la conſtitution : mais ces payemens, ainſi extraordinairement retardés, font plus nombreux quand on conſtitue à l'âge de la plus longue vie moyenne; & le calcul démontre que ces retards de payemens font plus que compenſer le plus grand nombre des payemens qu'on reçoit en conſti-

tuant

tuant à cette époque, & il fait voir que c'eſt l'âge de
9, 10 & 11 ans, non celui de 5 ans (âge de la
plus grande vie moyenne) qui eſt le plus avantageux
pour les conſtitutions de rente. Si l'on veut ſavoir
au juſte à quoi ſe réduit cet avantage, l'on trouvera
que la conſtitution faite pour l'âge de 5 ans vaut
une annuité égale à la rente totale, durant 32 ans 11 m.
25 ¼ jours ; tandis que cette même annuité dureroit
34 a. 5 m. 14 j., ſi elle repréſentoit la valeur de la conſtitution de rente faite pour l'âge de 9 ou 10 ans (20).

---

(20) Soit *KGB* la courbe de mortalité; *PM* une ordonnée qui repréſente le nombre des têtes âgées de 10 ans ſur leſquelles on conſtitue
une rente viagère *r=PN*, dont *PS* eſt le prix *=c*. Soit décrite, à commencer du point *N*, la logarithmique *NH* pour l'accumulation de la
rente, & à commencer du point *S*, la logarithmique *SH* pour le montant
du capital & de ſes intérêts. Les deux courbes ſe couperont en *H* ; &
l'ordonnée commune & perpendiculaire *HD* coupant l'axe des abciſſes en
D, indiquera ſur cet axe le temps moyen de la jouïſſance de la rente.
Mais le temps de la vie moyenne ſera $PQ = \frac{PBM}{PM}$, & le temps de la vie
probable ſera repréſentée par l'abciſſe *PR*, corrreſpondante à l'ordonnée
$RI = \frac{1}{2}PM$. Or, il eſt connu que pour que l'on eût $PQ = PR$, il faudroit
que la ligne *KGB* fût une ligne droite; & voici à-peu-près comment
Mr. Lambert l'a démontré.

Fig. 7.

$PQ = PR$ donneroit $\frac{PBM}{PM} = \frac{PMFQ}{PM}$, & $PBM = PMFQ$. Or ſoit $PB = x$, $PM = y$,
$DQ = z$, $QL = \frac{1}{2}y$; & pour la ligne courbe en général $x = ay^n + by^m +$, &c.

cela poſé, on a $PBM = \int y dx = \frac{n}{1+n}ay^{n+1} + \frac{m}{1+m}by^{m+1} +$ &c.

$$\frac{PMB}{PM} = \frac{n}{1+n}ay^n + \frac{m}{1+m}by^m + \&c. = PQ$$

de plus, $z = a(\frac{1}{2})^n y^n + b.(\frac{1}{2})^m y^m + \&c.$

$x - z = a[1 - 1.(\frac{1}{2})^n]y^n + b[1 - (\frac{1}{2})^m]y^m + \&c. = PQ.$

L

Au refte, cette différence entre le temps de la plus grande vie moyenne, & l'âge le plus avantageux pour les conftitutions de rente, n'a lieu que pour les rentes qu'on accumule; elle diminuera à mefure que l'on unira

---

Ces deux valeurs de PQ peuvent être ici comparées terme à terme, & même il fuffit de comparer les deux premiers; ainfi on aura $\frac{n}{1+n}ay^n = a\left[1-\left(\frac{1}{2}\right)^n\right]y^n$ d'où l'on tire $2^n = 1+n$; équation qui ne donne pour n que deux valeurs réelles, favoir, $n=0$ & $n=1$; il en fera de même pour m; & quand on les admet toutes deux, on trouve en fubftituant que $x=a+by$: ce qui fait voir qu'il faudroit que KgB fût une ligne droite pour que le temps de la vie moyenne & celui de la vie probable s'accordaffent partout. En effet, il eft vifible que dans ce cas, qui n'eft pas dans la nature, $QL=\frac{1}{2}PM$ & que l'efpace $QLB=MFL$; c'eft-à-dire, que les années fournies par les BQL perfonnes, compenfent les années perdues par la mort des MFL. Mais, fi ces deux efpaces repréfentent des fommes égales, l'on voit bien auffi qu'à caufe de la différence des temps de jouiffance, & qu'en confidération des intérêts, les valeurs de ces fommes au temps P ne fauroient être égales entr'elles; & que c'eft en cela que confifte la différence qu'il y a entre le temps de la vie moyenne & celui de la jouiffance moyenne d'une rente viagère.

On pourroit trouver par une méthode directe, au moyen de l'équation de la courbe de mortalité (*Voy. la Note* 3), que l'âge, auquel le temps de la vie moyenne eft le plus grand, eft aux environs de 5 ans: on pourroit de même trouver que fi l'on accumule les rentes viagères avec leurs intérêts à 2 ou $2\frac{1}{2}$ p. $\frac{0}{0}$ l'an, le meilleur âge pour conftituer en rente viagère fera entre 7 & 8 ans: que fi on les accumuloit avec leurs intérêts au 3, $3\frac{1}{2}$, 4 ou $4\frac{1}{2}$, le meilleur âge feroit aux environs de 9 ans; qu'il feroit aux environs de 10 ans fi on accumuloit les rentes au 5, 6, $7\frac{1}{2}$ & 8 p. $\frac{0}{0}$ & aux environs de 11 ans fi on les accumuloit au 9, 10, 11, &c. p. $\frac{0}{0}$, & tous les calculs montrent qu'un enfant naiffant a droit pour le même prix à une rente prefqu'égale à celle que doit recevoir une perfonne âgée de 50 ans.

Fig. 8.

plus de têtes enſemble, & s'évanouira tout-à-fait lorſque l'on conſtituera en tontine.

LXII. Je reviens à mon ſujet. Si l'emprunteur pouvoit conſentir à ces 69 payemens de 5 liv. par ſemeſtre, les prêteurs y feroient un profit $=(1,032339)^{69}-1$
plus grand que le *maximum* de profit $(1,0308083)^{62}-1$
qu'ils feroient par les rentes viagères. Mais ce ſeroit
une bien grande perte pour l'emprunteur que de s'acquitter de cette manière, puiſque le pair ſeroit pour
lui de ne payer la $\frac{1}{2}$ annuité 5 liv. que pendant 26 ans 8 m.
10 jours.

Déſavantage
pour l'em-
prunteur dans
le rembourſe-
ment ſuppoſé
au N. 59.

Abandonnant donc l'idée d'acquitter l'emprunt par
69 payemens de 5 liv., & enviſageant la condition
des prêteurs ſous autre point de vue, cherchons 1°.
juſqu'à quel tems il faudroit maintenir aux rentiers accumulateurs le profit d'intérêt $3\frac{8}{95}$, pour que plaçant
enſuite la ſomme d'accumulation qui en réſulteroit au
$2\frac{1}{2}$ p. $\frac{0}{0}$, ils euſſent au bout de 86 ans le profit 2,7935
pour 100 que leur auroit donné la rente viagère. Soit
$\varrho=1,0308083$; $\varrho'=1,027935$, $t=31$ ans; $\tau=86$; nt le
temps demandé; on aura $\varrho^{tn}\, q^{T-nt}=\varrho'^{\tau}$, d'où $nt=\dfrac{T(L\varrho'-Lq)}{L\varrho-Lq}$
$=43,51866=43^{\text{ans}}\,6^{\text{m.}}\,7^{\text{jours}}$; ce qui donneroit
$(1,0308083)^{43,51866.2}\times(1,025)^{42,48134.2}=(1,027935)^{86.2}$.

Or, on pourroit leur ſoutenir ce *maximum* de profit
d'intérêt de pluſieurs manières avantageuſes pour l'emprunteur.

Moyens de
ſoutenir aux
prêteurs le
maximum
d'intérêt.

LXIII. La plus ſimple de toutes eût été de recevoir
tout ſimplement leurs capitaux, en leur payant les intérêts ſur le pied de $3\frac{8}{94}$ pour 100 (qui eſt ce *maximum*

Emprunt
ſimple.

même) en laiſſant aux prêteurs la faculté de joindre
chaque année à leurs capitaux les intérêts, & de les

faire ainſi fructifier pendant 43 ½ ans, & même pendant
un temps indéfini. Les prêteurs y gagneroient, puiſqu'ils
auroient par ce moyen leurs capitaux placés au 3 $\frac{8}{39}$ p. $\frac{0}{0}$.
& l'emprunteur les ſatisferoit, ſans ſupporter le 4 $\frac{16}{49}$ p. $\frac{0}{0}$.
par 6 mois de chaque réſidu de l'emprunt en viager. Et
pour s'aſſurer qu'il gagneroit auſſi à ce marché, il n'y
a qu'à ſuppoſer qu'il fait réellement valoir au 3 $\frac{8}{39}$ p. $\frac{0}{0}$.
par 6 mois; & chercher quelle ſeroit ſa charge en
payant 5 p. $\frac{0}{0}$. de rentes viagères, ou les 5 livres de
rentes égales qu'il leur devroit pendant 69 ſemeſtre. On
trouvera que cette charge $C = \frac{5[(1,0308083)^{69}-1]}{0,0308083(1,0308083)^{69}}$
$= 142$ liv. 5 ſ. 10 $\frac{4}{5}$ den.

L'emprunteur ſeroit donc obligé de prendre 42 liv.
5 ſ. 10 $\frac{4}{5}$ den. ſur ſon fonds, ou de les emprunter d'une
autre manière; tandis qu'en empruntant ſimplement au
3 $\frac{8}{39}$ pour $\frac{0}{0}$, il n'a beſoin que du capital même 100 liv.
qu'on lui prête. Ainſi il gagneroit 42 $\frac{4}{17}$ liv. ſur chaque
contrat de 100 liv.

Telle ſeroit la différence de ſes charges, s'il regar-
doit celle d'une rente viagère de 5 p. $\frac{0}{0}$ par ſemeſtre,
comme égale à celle de 5 p. $\frac{0}{0}$. de rentes conſtantes pendant 69 ſemeſtres : mais en ne changeant pas le viager, ſa
charge ſeroit le prix de 5 p. 100 de rentes viagères établies ſur un intérêt perpétuel de 3,08083 p. $\frac{0}{0}$ & ſeroit
ici $= 139,205550$ liv; *ce qui réduiroit l'économie à 39*
millions 205 mille liv. ſur un emprunt de 100 millions,
ſans nuire aucunement à l'avantage des prêteurs.

LXIV. On peut dire que l'emprunteur gagneroit à ce marché ce que les prêteurs perdroient en ne plaçant qu'au
2 ½ p. ⁰/₀ la rente qu'ils reçoivent. Si les prêteurs ne
pouvoient pas même replacer leurs rentes , & qu'ils ne
fissent que les accumuler sans intérêts , leurs capitaux
se trouveroient néanmoins augmentés d'un certain intérêt, vu la grandeur de la rente , quoique beaucoup
plus petit. L'emprunteur qui continueroit à leur payer
la même rente , pourroit ne rien gagner à ce que les
prêteurs ne les fissent pas valoir ; mais il pourroit aussi
y gagner , si les prêteurs n'exigeoient de lui que le profit qu'ils auroient fait dans cette supposition. Il ne faut
donc pas demander ici qui est ce qui perd quand tous
deux gagnent , comme on me l'a demandé ; par la
même raison qu'il ne s'enfuit pas nécessairement de ce
que quelqu'un ne place pas son argent , que quelqu'un
d'autre en profite , &c.

*Fausse appa-
rence de para-
doxe.*

LXV. J'ai supposé ici que l'emprunteur pouvoit faire
valoir au 3 ⁸/₃₃ ; parce qu'il est censé que tout emprunteur , quel qu'il soit, ne prend des capitaux que pour
faire des profits ; tel , par exemple , emprunte au 5 pour
faire valoir au 10 , & pourroit par conséquent payer le
6. Il est vrai qu'on pourroit imaginer qu'un emprunteur ne fît un emprunt que pour payer une dette ; mais
alors il feroit une mauvaise affaire pour lui-même &
pour les prêteurs , & il ne trouveroit pas de crédit ;
mais si , avec des dettes , il a , d'un autre côté , quelqu'affaire avantageuse , comme commerce , manufacture , culture , &c. ce qui doit être, on peut le consi-
dérer comme payant ses dettes avec les fonds consacrés

*Supposition
qui sert de
fondement
aux moyens
proposés.*

à cette affaire ; & empruntant pour faire valoir dans ce commerce ou manufacture à un plus haut intérêt qu'il ne s'engage à payer. *C'eft ainfi que les fujets d'un monarque font face aux engagemens des emprunts qu'il fait, & il ne fait des emprunts que pour ne pas priver les uns, de fonds que leur induftrie fait valoir à un taux d'intérêt beaucoup plus haut que celui auquel il emprunte, & pour faire fervir de cette manière les capitaux des autres au profit de la nation.*

En général je fuppofe, dans tout cet ouvrage, qu'un emprunteur fait valoir à un intérêt un peu au-deffus du taux ordinaire ; parce qu'il eft naturel que ceux qui font travailler les fonds, gagnent plus que ceux qui prêtent fimplement leurs capitaux. Sans cette fuppofition, on ne prêteroit pas, ou du moins on ne prêteroit qu'à court terme ; & il paroît qu'en général la mefure de la confiance confifte, ou dans l'idée qu'on fe fait des fonds qui appartiennent à l'emprunteur, ou dans les profits qu'il eft à portée de faire. Or, comme cette dernière caufe de confiance eft évidemment la meilleure, puifqu'elle feule peut établir la permanence des profits que font les prêteurs ; il eft donc de l'intérêt de ceux-ci d'y concourir ; & c'eft y concourir que de diminuer la charge & les frais qui font en pure perte. C'eft par de telles raifons qu'il pourroit y avoir de l'avantage pour les uns & pour les autres à commuer, par exemple, une rente viagère de 5 pour 100 par femeftre, fur l'âge de dix ans, en un fimple prêt annuel au 3 $\frac{8}{3,5}$ p. $\frac{0}{0}$. pendant 43 $\frac{1}{2}$ ans, & même en un fimple prêt annuel au 2,7935, foit au 2 $\frac{73}{95}$ pour 100 pendant 86 ans, &c. Dans ces deux cas on

éviteroit à l'emprunteur une trop grande charge d'intérêts, parce qu'une partie de ceux qu'il supporte en
payant le rente viagère *chôme* dans les mains des prê-
teurs, qui ne peuvent ensuite retirer que le $2\frac{1}{2}$ p. $\frac{0}{0}$. par
six mois. Si l'emprunteur pouvoit supporter le 4 p. 100
par semestre, les prêts annuels du capital & des intérêts
pourroient ne se faire que pendant $nt = \frac{86(L.1,027935 - L.1,025)}{L1,04 - L1,025}$
$= 16$ ans 11 mois 3 jours; car depuis lors les rentiers
faisant valoir au $2\frac{1}{2}$ pour 100 par semestre, trouveroient au bout de 86 ans une somme d'accumulation
égale à celle que leur auroit donné l'accumulation de la
rente viagère : ainsi de suite.

LXVI. Mais cherchons si dans le système des annuités, il n'y auroit pas quelque moyen de procurer
aux uns & aux autres le même avantage.

Moyen de
soutenir le
maximum
d'intérêt par
des annuités.

Il est d'abord évident que, s'il s'agit de soutenir le
maximum de profit 0,0308083 : on pourra chercher le
temps pendant lequel une certaine demi annuité donnera ce profit; & que si au bout de ce temps les rentiers reprêtoient de nouveau toute l'accumulation pour
le même temps, ils soutiendroient par là leur profit.
Reste à le leur maintenir de façon que l'emprunteur y
trouve aussi son compte.

S'il ne s'agissoit de leur soutenir cet intérêt que jusqu'à un temps quelconque, les $\frac{1}{2}$ annuités pourroient être
de 5 pour 100 comme la rente, ou plus petites, ou
plus grandes.

LXVII. Et 1°. si l'on prenoit des $\frac{1}{2}$ annuités de 5 p. $\frac{0}{0}$,
il faudroit chercher la plus petite racine de l'équation

$aq^t - iQ^t - a = 0$; a étant $= 0,05$, $q = 1,025$ & $Q = 1,0308083$;

on trouveroit $t = 40$ femeftres environ (la plus grande valeur de $t = 110,8008$ femeftres) au bout defquels les prêteurs auroient $(1,0308396)^{40}$; l'emprunteur ne fupporteroit pas tout-à-fait le 4 p. $\frac{o}{o}$, au lieu qu'il fupporte le $4\frac{26}{49}$ en payant le viager. Si donc il pouvoit faire valoir au 4 p. $\frac{o}{o}$ par 6 mois, il gagneroit à ce changement le $\frac{26}{49}$ p. $\frac{o}{o}$ par 6 mois fur chaque réfidu : le rembourfement feroit fini au bout de 20 ans ; & les rentiers n'auroient qu'à reprêter toute la fomme d'accumulation pour être de même rembourfés par 40 autres $\frac{1}{2}$ annuités de 5 p. $\frac{o}{o}$; l'emprunteur fupporteroit encore le 4 p. $\frac{o}{o}$ d'intérêt ; & les prêteurs maintiendroient le profit d'intérêt 3,08083 p. $\frac{o}{o}$ jufqu'au bout de 40 ans, ainfi de fuite.

LXVIII. En fecond lieu, le _maximum_ de profit d'intérêt que pourroit donner la $\frac{1}{2}$ annuité 5 p. $\frac{o}{o}$ accumulée au 2 $\frac{1}{2}$ p. $\frac{o}{o}$ fe trouvant à 61 femeftres & étant $= 0,032465$ $>$ que $0,0308083$: il y auroit donc une plus petite $\frac{1}{2}$ annuité qui feroit le même effet que la $\frac{1}{2}$ annuité 5 rélativement au profit d'intérêt 3,08083 p. $\frac{o}{o}$ que donne la rente viagère. La plus petite de toutes ces $\frac{1}{2}$ annuités

feroit $a' = \dfrac{iq^{\frac{tq^t}{q^t-1}}}{q^t - 1}$, & comme on doit avoir de même

$\dfrac{a'(q^t-1)}{i} = Q^t$, on doit auffi avoir $\dfrac{iq^{\frac{tq^t}{q^t-1}}}{q^t-1} \times \dfrac{(q^t-1)}{i} = Q^t$;

d'où je tire $t = \dfrac{L(LQ) - L(LQ - Lq)}{Lq} = 71,0426$ femeftres,

ou 35 ans 6 mois $7\frac{19}{27}$ jours. Ce qui donne $a = 4,62166$ p. $\frac{o}{o}$. Mais cette demi-annuité que nous pourrions rendre très-avantageufe

très-avantageufe dans un autre fyftéme d'emprunt expofé plus bas, feroit ici la moins avantageufe de toutes;
parce que, quoique l'emprunteur ne fupportât pas le
4 $\frac{5}{8}$ p. $\frac{o}{o}$ qui eft un intérêt plus petit que celui fur lequel
eft établi le viager 5 p. $\frac{o}{o}$, cet intérêt feroit cependant
le plus grand de tous ceux qu'il auroit à fupporter par
des $\frac{1}{2}$ annuités. Et en général, il ne convient pas à un
emprunteur de changer felon ces conditions de grandes
annuités en de plus petites; & par la raifon contraire,
il lui conviendroit de faire l'oppofé.

LXIX. Nommant donc t la durée connue de l'annuité a qui feroit à convertir; $t-x$ le temps pendant
lequel il faudroit payer une plus grande annuité A pour
que les prêteurs euffent au bout de ce temps $t-x$ le
même profit d'intérêt qu'ils auroient au bout du temps
t par l'annuité a, on auroit $A = \frac{i}{q^{t-x}-1} \left\{ \frac{a(q^t-1)}{i} \right\}^{\frac{t-x}{t}}$. La

Annuité plus grande.

plus grande valeur pour A auroit lieu lorfqu'on feroit
$t-x=1$; on auroit dans ce cas ci $A = 1{,}0308083$; ce
qui changeroit l'emprunt en un fimple prêt annuel au
3 $\frac{8}{99}$ p. $\frac{o}{o}$; mais on pourroit donner d'autres valeurs à
volonté à $t-x$ & par-là à A, comme on le verra plus bas.

LXX. Mais puifqu'il faut foutenir aux prêteurs le
profit d'intérêt 3,08083 p. $\frac{o}{o}$ pendant 43 $\frac{1}{2}$ ans ou 87,03732
femeftres; il faudra pour abaiffer l'intérêt que fuppor-
teroit l'emprunteur, divifer ce temps en parties égales,
chercher l'annuité qui donneroit au bout de chacune de
ces parties de temps ou époques, le profit d'intérêt
3 $\frac{8}{99}$; regarder le rembourfement de la rente viagère
comme fait à la première époque; mais laiffer aux ren-

Règles pour produire cet effet de la manière la plus avantageufe à l'emprunteur.

M

tiers la faculté de reprêter toute l'accumulation pour
être rembourfés à la feconde époque de la même manière qu'ils l'ont été de la rente viagère; ainfi de fuite
jufqu'à 43 ½ ans. Il eft manifefte que l'emprunteur diminueroit par ce marché le taux exceffif d'intérêt qu'il
paie par la rente viagère; & les prêteurs y trouveroient
de plus l'avantage d'avoir le *maximum* d'intérêt 3 $\frac{5}{39}$
foutenu jufqu'à 43 ½ ans, au lieu de ne l'avoir que jufqu'à 31 ans.

Par exemple, fi l'on ne faifoit qu'un feul rembourfement qui durât 87 femeftres, il fuffiroit ici de payer la
½ annuité $a = \frac{i\varrho^{87}}{q^{87}-1} = 4{,}62771$ p. % ; mais l'emprunteur
fupporteroit encore à ce marché le 4 ½ p. % à très-peu près.

Divifant donc ce temps en 3 époques de 29 femeftres,
l'annuité qui donneroit aux prêteurs $(1{,}0308083)^{29}$ feroit
$a = \frac{i\varrho^{29}}{q^{29}-1} = 5{,}759677$ p. % ; & l'emprunteur ne fupporteroit
plus à ce marché que le 3,7968 p. %.

Que s'il ne pouvoit pas encore fupporter fans perte
cet intérêt, il faudroit divifer les 87,037 femeftres en
un plus grand nombre d'époques; & en général *j* étant
l'intérêt que l'emprunteur peut fupporter fans perte;
$\varkappa$ étant $= 1+j$; $\varrho = 1+$ le *maximum* de profit d'intérêt de la rente viagère ; $q = 1+i$; & *i* l'intérêt auquel
les prêteurs accumulent; l'équation d'où il faudra tirer
la valeur du temps *x* pendant lequel chaque rembourfe-
ment devra durer fera $i\varrho^{x} - j(q^{x}-1) - i\left(\frac{\varrho}{\varkappa}\right)^{x} = 0$: ce
qu'on pourra opérer facilement par la règle de double
fauffe pofition. Soit donc $j = \frac{3\frac{5}{3}}{100}$, $i = 0{,}05$, $\varrho = 1{,}0308083$;

on trouvera $x = 5,2432$ femeftres, ce qui donne 16,6 prêts & rembourfemens par des ½ annuités de 21,20576 p.⅔.

LXXI. Il y a mieux, l'emprunteur poùrroit diminuer & fa charge & le nombre trop fréquent des emprunts ci-deffus; en offrant aux capitaliftes d'accumuler chez lui leurs rentes à un certain taux. Par exemple, dans ce cas, il pourroit faire le rembourfement de l'emprunt en 10 ans, par des annuités de 14,43879 p. ⅔, en laiffant *chaque année* aux prêteurs la faculté de convertir en tout ou en partie cette rente en une autre de 29,22178 p.⅔, payable 10 ans après. Les prêteurs auroient donc le choix entre une férie de dix annuités de 14,43879 p.⅔, payables dans les dix premières années, ou une férie de dix annuités de 29,22178 pour 100, dont la première annuité fe payeroit à la fin de la onzième année, & la dernière à la fin de la vingtième. Si l'emprunteur offroit de nouveau aux capitaliftes de convertir les rentes de cette dernière férie en dix payemens annuels de 59,1402 p.⅔. du capital primitif; ils auroient au bout de 30 ans une fomme d'accumulation $=(1,069177)^{30}$: ce qui feroit au bout de 86 ans $(1,069177)^{30} \times (1,05)^{56} = 1,056658^{86} = (1,02795)^{172}$; même montant que par la rente viagère de 5 p. ⅔. par femeftres. Mais l'emprunteur ne fupporteroit par cette forme d'emprunt que le 7,30443 p.⅔ par an, foit le 3,5879 p. ⅔ par 6 mois, au lieu du 4,5306 qu'il fupporte par la rente viagère: ou comme le prix d'une rente viagère de 5 p. ⅔ par 6 mois, établie fur un perpétuel de 3,5879 p.⅔ auffi par 6 mois, feroit $= 122,7$, il économiferoit plus de 22 ½ millions fur 100 millions d'emprunt en ce viager.

Si l'on vouloit faire ufage de cette méthode, on commenceroit par chercher l'intérêt j ou $k-1$ de l'emprun-
teur par cette équation $\frac{jk^{nt}}{k^t-1} - \frac{iQ^T}{(q^t-1)q^{T-nt}} = 0$. Dans le cas
expofé ci-deffus, cette équation devient
$$\frac{0,0730443(1,0730443)^{3\cdot10}}{(1,0730443)^{10}-1} - \frac{0,05\times(1,05665)^{86}}{(1,05^{10}-1)\times(1,05)^{86-30}} = 0, \text{ au moyen}$$
de quoi l'on a trouvé $a = \frac{jk^t}{k^t-1} = 0,1443879; ak^{10} = 0,2922178;$
& $ak^{20} = 0,5914020$ (21).

<hr>

(21) L'emprunteur pourroit de même gagner 16 millions & demi
fur 100 d'emprunt, en convertiffant de la même manière une rente viagère de 4 & demi pour cent par femeftre; car il n'auroit qu'à offrir aux
prêteurs le choix de trois féries de dix annuités, favoir de 14,14059
pour 100; de 27,43453 pour 100; & de 53, 2264 pour 100. Ceux d'entre
les capitaliftes qui choifiroient la troifième, auroient au bout de 30 ans
un montant $= (1,065429)^{30}$; & au bout de 86 ans $(1,065429)^{30}$
$\times(1,05)^{56} = (1,055357)^{86} = (1,0273055)^{172}$, comme par la rente viagère
de 4 & demi pour 100 par 6 mois. Mais l'emprunteur ne fupporteroit
que le 3,3693 pour 100, au lieu du 4,0182 par 6 mois, qu'il fupporte
en payant la rente de 4 & demi pour 100 par femeftre fur une tête de
10 ans, choifie comme celle de la table de M. de Parcieux. Ou,
comme la charge de cette rente viagère feroit $=116,53$, lorfque l'emprunteur ne feroit valoir qu'au 3,3693 pour 100 chaque réfidu de l'emprunt; il s'enfuit qu'il gagneroit par cette converfion plus de 16 &
demi millions fur 100 millions empruntés.

Si au lieu d'avoir à rembourfer des rentes viagères, il s'agiffoit
de faire un nouvel emprunt, d'en appliquer l'argent à quelqu'entre-
prife pour laquelle il ne fût pas néceffaire d'avoir les fonds tout-à-la-
fois, & de divifer l'emprunt par parties, de telle forte que les capitaliftes fuffent intéreffés à le fuivre pendant tout le temps de fa durée;
cela pourroit s'opérer d'une infinité de manières, mais fort fimplement
de la manière fuivante.

LXXII. Je n'ai pas befoin de faire voir comment on pourroit porter le goût des prêteurs à ces emprunts, en diminuant un tant pour 100 fur ces annuités, pour

Suppofons qu'il fallût 100 millions dans l'efpace de 10 ans, on pourroit compofer cet emprunt de 100000 billets de 1000 liv. chacun; mais au lieu de faire donner chaque année le montant de 10000 billets pour recevoir 10 millions, on pourroit faire donner toutes les années la dixième partie de chaque billet, foit 100 liv. ; en outre, tirer au fort à la fin de chaque année un certain nombre de billets, par exemple 10000, pour être complettement acquittés par les propriétaires, afin qu'ils jouiffent dès ce moment là d'une certaine fuite de rentes annuelles, qui les rembourferoient de leurs capitaux & de leurs intérêts dans un affez court efpace de temps, tel que 10 ans; mais on leur laifferoit, comme ci-deffus, l'avantage d'accumuler ces rentes au denier de l'emprunt, & de choifir le montant de cette accumulation dans deux ou trois féries différentes.

Suppofons, par exemple, ce denier j ou $k-1 = 6$ & demi pour 100.
$S = 100,000000 = 100$ millions.
$B = 1000 =$ mille livres, montant d'un billet.
$nB = 100000 \times 1000 =$ le montant des cent mille billets.
$T = 10$ ans, durée de l'emprunt partiel.
$t = 10$ ans, durée de chaque fuite de remboursement.

Si l'emprunteur ne tenoit pas compte aux capitaliftes de l'intérêt au j pour 1 des portions du capital qu'il a reçues; les fommes z qu'il convertiroit chaque année en rentes, feroient égales entr'elles, & $= \frac{NB}{T} \cdot = 10,000000$. Mais à la xeme année, l'accroiffement de leurs intérêts les fait être $= \frac{NB}{TT}\left\{ (T-x) + k\left(\frac{kx-1}{j}\right) \right\}$; enforte que la rente r par laquelle l'emprunteur remboursera, dans l'efpace de t ans, à commencer dès le temps x, la fomme du xeme tirage, fera généralement $r = \frac{NB}{TT}\left\{ (T-x) + k\left(\frac{kx-1}{j}\right) \right\} \cdot \frac{jk^{t-1}}{k^t - 1}$. Ce qui donne pour la valeur des annuités

en faire des lots ; parce que c'eſt un moyen connu , qui a toujours fort bien réuſſi , & qui ne demandoit

	de la 1ere. férie.	de la 2e. férie.	de la 3e. férie.
du 1er. tirage.	$r=0,1314637$	$rk^{10}=0.2467754$	$rk^{20}=0,4632314$
du ſecond.	$r=0,1332180$	$rk^{10}=0,2500684$	$rk^{20}=0,4694128$
du troiſième.	$r=0,1359331$	$rk^{10}=0,2551650$	$rk^{20}=0,4789800$
du quatrième.	$r=0,1396754$	$rk^{10}=0,2621900$	$rk^{20}=0,4921667$
du cinquième.	$r=0,1445020$	$rk^{10}=0,2712636$	$rk^{20}=0,5091991$
du ſixième.	$r=0,1505073$	$rk^{10}=0,2825230$	$rk^{20}=0,5303346$
du ſeptième.	$r=0,1577422$	$rk^{10}=0,2961138$	$rk^{20}=0,5558275$
du huitième.	$r=0,1662976$	$rk^{10}=0,3121634$	$rk^{20}=0,5859735$
du neuvième.	$r=0,1762590$	$rk^{10}=0,3308625$	$rk^{20}=0,6210748$
du dixième.	$r=0,1877137$	$rk^{10}=0,3523645$	$rk^{20}=0,6614365$

Les propriétaires des billets échus au premier tirage auroient au bout de 30 ans,
$$0,4632314 \times \frac{(1,05)^{10}-1}{0,05} + 0,05 \times 0,9 \times (1,05)^{29} = (1,061614)^{30},$$
ou leurs capitaux avec leurs intérêts compoſés au 6 $\frac{5}{31}$ p. 100 ; & au bout de 40 ans ($1,058638)^{40}$, ou leur argent placé à 5 $\frac{49}{52}$ pour cent. Quant à ceux dont les rentes de la première férie ne commenceroient à être payées qu'au bout de 10 ans , & qui ne voudroient les toucher qu'à la troiſième , ils auroient au bout de 40 ans , pour chaque unité de capital ,
$$0,6614365 \times \frac{(1,05)^{10}-1}{0,05} + \frac{0,1 \times (1,05)^{21}}{0,05}$$
$$- \frac{0,1 \times (1,05)^{30}}{0,05} \cdot (1-0,05 \times 9) = (1,05667)^{40},$$
ou le montant de leurs billets , avec les intérêts au 5 $\frac{2}{3}$ pour 100.

L'emprunteur pourroit encore donner un peu plus d'appas à ces fortes d'emprunts , ſans augmenter le taux de l'intérêt , en tirant parti de l'eſpérance que chacun a de vivre. Pour cela , il n'auroit qu'à offrir aux capitaliſtes , au lieu ces annuités conſtantes , des rentes viagères ſur une ou pluſieurs têtes de différentes claſſes d'âge , & croiſſantes chaque année pendant 10 , 20 , ou 30 ans , en raiſon de l'extinction des rentiers. Je ne puis pas m'étendre beaucoup ici là-deſſus ; & je n'en donnerai qu'un exemple , en ſuppoſant que les rentes ſoient conſtituées à chaque tirage ſur des têtes iſolées & âgées de 11 ans. Il eſt

que d'être établi fur de bons principes. On remarquera

aifé de voir, en confultant la table de mortalité des tontiniers, publiée par M. de Parcieux, que l'on auroit à multiplier les rentes de chaque férie, comme on le voit ci-deffous.

de la première férie de chaque tirage.

la première. $\times\frac{872}{872}=1,$

la feconde. $\times\frac{872}{866}=1,0069284$

la troifième. $\times\frac{872}{860}=1,0139535$

la quatrième. $\times\frac{872}{854}=1,0210773$

la cinquième. $\times\frac{872}{848}=1,0283019$

la fixième. $\times\frac{872}{842}=1,0356296$

la feptième. $\times\frac{872}{835}=1,0443112$

la huitième. $\times\frac{872}{828}=1,0531400$

la neuvième. $\times\frac{872}{821}=1,0621190$

la dixième. $\times\frac{872}{814}=1,0712530$

de la feconde férie de chaque tirage.

la première. $\times\frac{872}{806}=1,0818860$

la feconde. $\times\frac{872}{798}=1,0927220$

la troifième. $\times\frac{872}{790}=1,1037970$

la quatrième. $\times\frac{872}{782}=1,1159000$

la cinquième. $\times\frac{872}{774}=1,1266150$

la fixième. $\times\frac{872}{766}=1,1383810$

la feptième. $\times\frac{872}{758}=1,1503960$

la huitième. $\times\frac{872}{750}=1,1626660$

la neuvième. $\times\frac{872}{742}=1,1752020$

la dixième. $\times\frac{872}{734}=1,1880110$

de la troifième férie de chaque tirage.

la première. $\times\frac{872}{726}=1,2010020$

la feconde. $\times\frac{872}{718}=1,2144850$

la troifième. $\times\frac{872}{710}=1,2281700$

la quatrième. $\times\frac{872}{702}=1,2421660$

la cinquième. $\times\frac{872}{694}=1,2564840$

la fixième. $\times\frac{872}{686}=1,2711370$

la feptième. $\times\frac{872}{678}=1,2861360$

la huitième. $\times\frac{872}{671}=1,2995530$

la neuvième. $\times\frac{872}{664}=1,3132530$

la dixième. $\times\frac{872}{657}=1,3272450$

de la troifième férie de chaque tirage.

la première. $\times\frac{(872)^2}{(872)^2-(872-726)^2}=1,0288420$

la feconde. $\times\frac{(872)^2}{(872)^2-(872-718)^2}=1,0321940$

la troifième. $\times\frac{(872)^2}{(872)^2-(872-710)^2}=1,0357480$

la quatrième. $\times\frac{(872)^2}{(872)^2-(872-702)^2}=1,0395090$

la cinquième. $\times\frac{(872)^2}{(872)^2-(872-694)^2}=1,0434800$

la fixième. $\times\frac{(872)^2}{(872)^2-(872-686)^2}=1,0476670$

la feptième. $\times\frac{(872)^2}{(872)^2-(872-678)^2}=1,0526730$

la huitième. $\times\frac{(872)^2}{(872)^2-(872-671)^2}=1,0561140$

la neuvième. $\times\frac{(872)^2}{(872)^2-(872-664)^2}=1,0603300$

la dixième. $\times\frac{(872)^2}{(872)^2-(872-657)^2}=1,0647260$

de plus , que fi au lieu d'annuités conftantes , on em-
ployoit , du moins pour la dernière férie , des annuités
croiffantes ; telles que celles dont j'ai déjà parlé ; plus
elles feroient croiffantes , moins le taux d'intérêt de
l'emprunteur différeroit du *maximum* de profit d'intérêt $\varrho - 1$. Ainfi , de l'efficacité plus ou moins grande
des divers moyens que je viens d'expofer , pour diminuer la charge qu'un emprunteur fupporte dans un viager de 5 pour 100 par femeftre ; il fuit une vérité qui
auroit pu paroître auparavant un paradoxe : favoir , que
non feulement on peut faire enforte qu'un emprunt de
5 pour 100 foit moins onéreux qu'un viager de $4\frac{1}{2}$;
mais qu'on peut rendre cette charge prefqu'égale à celle
d'un viager de 3,5996 pour 100 par 6 mois ; parce que
celui-ci réfulte d'un intérêt perpétuel de 3,08083 p. 100
par 6 mois ; comme il eft facile de le trouver , au
moyen de la règle de double fauffe pofition , & des
nombres que j'ai donné au N°. XLIV.

Il n'y a peut-être pas de moyens plus pratiquables
que ceux que je viens d'expofer ; mais je ferai voir
qu'il ne feroit pas impoffible d'abaiffer prefqu'au taux
ordinaire ; cet intérêt exceffif que l'emprunteur fupporte
par les rentes viagères. En attendant , comme je veux
donner deux exemples différens à la fois , je fuppoferai
encore un emprunt rembourfable par une rente viagère

Exemple
d'une rente
viagère fur
deux têtes.

---

* Dans le cas où au lieu de conftituer fur une tête de 11 ans ,
on conftitueroit fur deux de ce même âge , & où la rente feroit
payée pendant dix années de la vie d'une de ces deux têtes , à commencer lorfqu'elles feroient âgées de 31 ans.

de

de 9 pour 100 fur deux têtes , laquelle les rentiers ne peuvent accumuler qu'à 5 p. 100.

LXXIII. Cette rente pourroit, felon certaines tables mortuaires , revenir à une annuité payable pendant 50 ans; au bout duquel temps les rentiers auroient pour le montant d'une livre de prêt & de fon profit d'intérêt ($1,06048$)^{50} = $18,8417$. [Si l'on plaçoit dès - lors pendant 40 ans à 5 pour 100 , on trouveroit que $(1,06048)^{50} \times (1,05)^{40} = (1,05581)^{50}$; enforte qu'au bout de 90 ans, on fe trouveroit avoir retiré l'intérêt $0,05581 >$ que $0,055708$ que la rente viagère auroit donné de 6 à 96 ans, en fuivant la table de mortalité de M. de Kerfeboom. Et il fe trouveroit encore qu'on auroit eu pendant 50 ans un intérêt $0,06048 >$ que $0,06045$, qui eft le plus grand intérêt que donne la rente viagère , en fuivant cette même table; & qui n'a lieu que pour environ 36 ans feulement].

De plus , fi le débiteur confentoit à cette converfion , les créanciers jouiroient au bout de 34 ans 6 mois 28 jours d'un profit d'intérêt $(1,061699366)^{34,57575}$1 qui eft le *maximum* de profit que donnent les annuités conftantes de 9 p. $\frac{0}{0}$; & qui , fi les prêteurs pouvoient foutenir ce même intérêt jufqu'à 50 ans, donneroit $(1,061699366)^{50} = 19,95614$ $> 18,8417$: ce feroit leur donner beaucoup plus qu'on ne leur doit; & notre but n'eft pas de foutenir aux prêteurs ce *maximum* d'intérêt des annuités. Remarquons cependant encore en paffant , qu'au marché de 50 annuités, l'emprunteur fupporteroit le $8,8716$ p. $\frac{0}{0}$, foit le $8 \frac{34}{39}$; & qu'il vaudroit mieux pour tous que l'emprunt fe fît à fimple prêt au $6 \frac{17}{100}$ p. $\frac{0}{0}$.

N

Si l'emprunteur payoit l'annuité 9 p. ⁰⁄₀ feulement pendant 34 ½ ans; les prêteurs auroient au bout de 50 ans, $(1,06169935)^{34,5} \times (1,05)^{15,5} = (1,0581534)^{50}$. Cela ne fuffiroit donc pas pour leur donner $(1,06048)^{50}$ comme on le doit; il faudroit pour cela à la fin des 34 ½ années leur fournir un moyen de faire valoir l'accumulation à plus de 5 p. ⁰⁄₀.

Ou en deux de 25.

LXXIV. Si au lieu d'un feul emprunt de 50 annuités, on en faifoit d'abord un de 25; & qu'au bout de 25 ans, les rentiers reprêtaffent toute l'accumulation qu'ils auroient faite; ils auroient au bout de 50 ans, le même profit d'intérêt que celui qu'ils auroient fait au bout de 25 ans; c'eft-à-dire, $(1,0603518)^{25×2}$ qui eft un peu plus petit que $(1,06048)^{50}$. C'eft cependant, dans le cas dont il s'agit, la divifion des 50 annuités qui donne le plus grand produit au bout de 50 ans; comme il eft aifé de le fentir fans calcul. Et au furplus, foit $T = 50$, & t le temps au bout duquel devroit finir le premier emprunt ou rembourfement; on aura cette équation $\dfrac{a(q^t-1)}{i}$

Manière la plus avantageufe de partager en deux la durée d'une annuité.

$\times \dfrac{a(q^{T-t}-1)}{i} = Q^T$. Or, fi l'on différencie l'équation en faifant t & Q variables; on trouvera par la méthode des *maxima* & des *minima*, que pour que Q, foit le plus grand poffible, en faifant deux emprunts rembourfables par t & $T-t$ annuités, au lieu d'un feul rembourfable par le nombre T, il faudra que $t = \frac{T}{2}$: d'où $Q^T = \dfrac{a^2(q^{\frac{T}{2}} - 1)^2}{i^2}$. Mais fi l'on n'exige pas que Q foit le plus grand poffible, on aura pour t deux valeurs dont l'équation.

$$t = \frac{L\{a^2(q^T+1)-i^2Q^T\pm\sqrt{[a^2(q^T+1)-i^2Q^T]^2}-4a^4q^T\}-L2a^2}{Lq}$$

fe réduit à $\frac{T}{2}$, lorfque $i^2Q^T = a^2(q^{\frac{T}{2}}1)^2$; ou, ce qui revient au même, lorfque les quantités fous le figne radical fe détruifent. Soit $T=50$, $q=1,05$, $Q=1,055$; on aura $t=37,1035$, ou $=12,8965$.

Mais il ne faut pas chercher à faire des emprunts de deux nombres inégaux d'annuités égales, pour équivaloir à un feul emprunt; parce qu'ils feroient moins avantageux aux uns & aux autres. Les emprunts égaux font ceux qui donneront, dans un même efpace de temps, les profits les plus grands; mais leur nombre peut être variable. Dans le cas ci-deffus, un feul emprunt rembourfable par 50 annuités donneroit un profit d'intérêt un peu plus grand que ne donneroient deux emprunts de 25 annuités faits comme je l'entends : dans d'autres cas, il feroit plus avantageux d'en employer davantage; car fuppofons une fuite de 104 annuités de 9 p. $\frac{0}{0}$, elles donneroient aux rentiers le profit $(1,055887)^{104}1$. Suppofons qu'on divifât cet emprunt en deux temps égaux, dont les rembourfemens fuffent chacun de 52 annuités; les rentiers auroient le profit $1,060255^{104}1$, & fi on le divifoit en 3 temps, chaque remboursement dureroit $34\frac{2}{3}$ ans; ce qui approche fi fort du temps qui donne le *maximum* de profit dans les annuités de 9 p. $\frac{0}{0}$ que les prêteurs auroient au bout de 104 ans $(1,0616995)^{104}1$. En général, pour qu'une telle divifion donne le plus grand produit poffible, il faudra que dans l'équation $\frac{a^n(q^{T:n}1)^n}{i^n} = Q^T$ ou $aq^{T:n}iQ^{T:n}-a=0$; n foit un *divifeur* de T

qui laiffe pour quotient un nombre $\frac{T}{n}$ le plus près poſ-
fible du nombre qui indique le temps du *maximum*
de profit.

LXXV. S'il ne s'agiſſoit, dans notre exemple ci-deſſus,
que de foutenir pendant 26, 52, 78, &c. ans le profit
$(1,06048)^{10}1$ fait au bout de 50 ans, on pourroit fe
fervir de la plus petite valeur de T dans l'équation
$aq^T - iQ^T - a = 0$; & comme on trouve auſſi bien $T =$
$= 26, 0758$ ans, que $T = 50$, lorfque $a = 0,09$, $q = 1,05$
& $Q = 1,06048$; l'emprunteur pourroit faire quelques
emprunts rembourfables pendant 26 ans au lieu d'un
feul remboursable en 50. Il ne fupporteroit plus que le
$7\frac{7}{10}$ p. $\frac{o}{o}$ au lieu du $8\frac{14}{19}$ qu'il fupporte dans les 50 annuités;
& les rentiers lui reprêtant de 26 en 26 ans le montant
de l'accumulation, ils trouveroient au bout de 26, de
52, de 78, de 104, de, &c. années leurs capitaux, avec
le montant de leurs intérêts au 6,048 p. $\frac{o}{o}$; ce qui pourroit fort convenir à l'emprunteur auſſi bien qu'à eux.

LXXVI. La plus petite annuité qui donneroit une fois le

profit d'intérêt 6,048 p. $\frac{o}{o}$ feroit ici $a = \dfrac{iq \cdot \frac{tq^t}{q^t - 1}}{q^t - 1} = 8,64047$
p. $\frac{o}{o}$, & devroit être payée pendant 36, 42322 ans; mais
quoiqu'ici cette annuité lui convînt mieux que la rente
viagère, elle lui conviendroit moins que l'annuité 9 p. $\frac{o}{o}$,
payable pendant 26 ans; car avec le même intérêt $7\frac{7}{16}$
qui lui fuffit pour l'annuité 9 pendant 26 ans, il ne pourroit payer l'annuité 8,64047 ou $8\frac{17}{19}$ que pendant 26 ans
10 m. $23\frac{1}{2}$ j. $<$ que 36 ans 5 m. $2\frac{1}{2}$ j. qui eſt le temps
pendant lequel il la devroit payer.

LXXVII. Au contraire s'il rembourſoit en payant pendant 15 ans l'annuité 11,18207 ou 11 $\frac{2}{11}$ p. $\frac{0}{0}$ environ, il donneroit aux prêteurs le profit d'intérêt 0,06048 ; & en ne ſupportant que le 7 $\frac{7}{10}$ p. $\frac{0}{0}$ d'intérêt, il lui reſteroit encore entre les mains de quoi leur payer la rente 11 $\frac{2}{11}$ p. $\frac{0}{0}$ pendant 8 mois 22 jours, qui ſeroit ſon bénéfice : ou bien s'il leur payoit pendant 10 ans l'annuité $A = 14,3027$, ſoit 14 $\frac{23}{76}$ p. $\frac{0}{0}$, il les ſatisferoit également & en gagnant de dix en dix ans ce qui leur reviendroit pour 5 m. 1 $\frac{19}{27}$ j. : ou bien s'il leur payoit pendant 5 ans l'annuité

$$A = \frac{i}{q^{t-x}-1}\left\{\frac{a(q^t-1)}{i}\right\}^{\frac{t-x}{t}} = \frac{0,05}{(1,05)^{\underline{5}}-1}\left(\frac{0,09(1,05)^{\underline{5}0}-1}{0,05}\right)^{\frac{5}{50}} =$$

$$= \frac{0,05}{(1,05)^{\underline{5}}-1}\left(\frac{0,09(1,05)^{26,0758}-1}{0,05}\right)^{\frac{5}{26,0758}} = 0,242737, \text{ ſoit } 24\,\tfrac{26}{95} \text{ p.} \tfrac{0}{0} ;$$

il gagneroit de 5 en 5 ans, & autant de fois que les rentiers lui reprêteroient l'accumulation, ce qui leur reviendroit de 24 $\frac{26}{95}$ p. $\frac{0}{0}$ de rente annuelle, au bout de 1 m. 21 $\frac{11}{27}$ j, ainſi de ſuite ; tellement que s'il les rembourſoit au bout de chaque année par l'annuité 1,06048, qui ſeroit la plus grande de toutes, il ne ſupporteroit plus que le 6,048 p. $\frac{0}{0}$ ſoit le 6 $\frac{1}{21}$ p. $\frac{0}{0}$.

LXXVIII. Mais revenant à la règle que nous avons Moyen précis. donnée ci-deſſus, N°. LXX, & qui juſqu'ici nous à paru un des moyens de tirer le meilleur parti des rentes viagères ; nous remarquerons que celle de 9 pour 100 ſur deux têtes de 6 ans, donneroit au bout de 90 ans de jouiſſance, c'eſt-à-dire, après la mort du dernier rentier, une ſomme d'accumulation, exprimée par $(1,055708)^{90}$. (Voyez la table N°. L). Le *maximum* du profit d'intérêt eſt 0,06045 au bout de 36 ans de jouiſſance ;

poſons 6,048 p. $\frac{0}{0}$. , celui-ci devroit être ſoutenu pendant 49, 13 17 ans, pour qu'on eût $(1,06048)^{49,1317}(1,05)^{40,8685}$ $= (1,055708)^{90}$.

Si donc, l'on ne vouloit faire par des annuités qu'un ſeul rembourſement qui durât 49^{ans} $1^{m.}$ 18^{jours}; ces annuités devroient être $= 8,95983$ p. $\frac{0}{0}$.; mais il faudroit que l'emprunteur pût ſupporter ſans perte le 8,86 p. $\frac{0}{0}$; & s'il ne pouvoit ſupporter que le $6\frac{1}{4}$ environ, il faudroit qu'il rembourſât la rente viagère par des annuités de 17,9732 p. 100, payées pendant 7 ans 7 j; qu'à cette époque les rentiers lui reprêtaſſent l'accumulation pour être rembourſée comme la rente viagère; ainſi de ſuite, d'époque en époque de 7 ans 7 jours; les rentiers trouveroient au bout de chacune de ces époques leur argent placé au 6,048 pour $\frac{0}{0}$; & l'emprunteur ne ſupporteroit que le $6\frac{1}{4}$.

LXXIX. Enfin, pour obtenir les mêmes avantages, on pourroit faire des emprunts ſucceſſifs, non pas de nouveaux capitaux, mais des rentes échues, comme nous l'avons fait au N°. LXXI, ce qui nous paroît très-praticable; mais pour ne pas nous répéter trop ſouvent, nous chercherons quels ſeroient les réſultats d'une autre ſuite de replacemens, expoſée d'une manière générale dans le problême ſuivant.

PROBLÊME.

Suppoſant une continuité de n emprunts faits au commencement de chaque année, & rembourſables chacun par un nombre t d'annuités au a pour 1; ſuppofant, de plus, que les prêteurs au premier emprunt replacent chaque fois au 2ᵉ. 3ᵉ. 4ᵉ., &c. toutes les annuités provenantes du 1ᵉʳ. , 2ᵉ. , 3ᵉ. , &c. ; & qu'après n ans, il n'y ait plus d'emprunts ; mais que les prêteurs placent toutes les annuités qu'ils recevront au i pour 1 d'intérêt fur intérêt ; quelle fomme f, & quel profit d'intérêt y pour 1 auront-ils au bout de $(t+n-1)$ ans ; temps au bout duquel l'emprunteur aura rempli fon dernier engagement ?

Pour fixer l'attention, on pourra s'aider de la figure ci-deffous ; dans laquelle les lettres e, e, e, &c. défignent les emprunts fucceffifs rembourfables chacun par autant d'annuités qu'on mettra de points perpendiculaires fur chacune de ces lettres.

Il fera aifé de reconnoître que fi le capital eft $= 1$

l'annuité du premier emprunt fera $= a$
du 2ᵈ. $= a \times a \ldots \ldots = a^2$
du 3ᵉ. $= (a + a^2)a \ldots = a^2(1+a)$
du 4ᵉ. $= [a + a^2 + a^2(1+a)]a = a^2(1+a)^2$

du tᵉᵐᵉ $= \ldots \ldots = a^2(1+a)^{t-2}$
$(t+1) = \ldots \ldots = a^2(1+a)^{t-1}$
& en général, fi $t = n$, on eft $>$ que n, l'annuité
du nᵉᵐᵉ emprunt fera $\ldots \ldots = a^2(1+a)^{n-2}$
Mais fi t eft $<$ que n, alors l'annuité $\ldots \ldots$
du $t+1$ emprunt $\ldots \ldots = a^2(1+a)^{t-1}$
du $t+2$ $\ldots \ldots = a^2[(1+a)^t - 1]$
du $t+3$ $\ldots \ldots = a^2[(1+a)^{t+1}(1+2a)]$
du $t+4$ $\ldots \ldots = a^2[(1+a)^{t+2}(1+a)(1+3a)]$
du $t+5$ $\ldots \ldots = a^2[(1+a)^{t+3}(1+a)^2(1+4a)]$

du $t+3+v$ $= a^2[(1+a)^{t+v+1}(1+a)^v(1+(v+2)a)]$

Pour abréger, nous fuppoferons feulement deux cas; celui où le nombre t des annuités eft plus grand, & celui où il eft au moins égal à celui n des emprunts.

On recevroit à la fin de la $(t+n-1)^{\text{eme}}$ année

$$a(1+q+q^2+ - - - - - +q^{t-n})q^{n-1} = \frac{a}{i}(q^t-q^{n-1})$$

$$a^2(1+q+q^2+ - - - - - +q^{t-n+1})q^{n-2} = \frac{a^2}{i}(q^t-q^{n-2})$$

$$a^2(1+a)(1+q+q^2+\cdots+q^{t-n+2})q^{n-3} = \frac{a^2(1+a)}{i}(q^t-q^{n-3})$$

$$\cdot \quad \cdot \quad \cdot \quad \cdot \quad \cdot \quad \cdot \quad \cdot \quad \cdot \quad \cdot \quad \cdot \quad \cdot \quad \cdot$$

$$a^2(1+a)^{n-2}(1+q+q^2+\cdots+q^{t-1})q^0 = \frac{a^2(1+a)^{n-2}}{i}(q^t-q^{n-n})$$

Donc $f=\frac{a}{i(a-i)}[(1+a)^{n-1}((a-i)q^t-a)+iq^{n-1}]=(1+y)^{t+n-1}$

& $y = f^{\frac{1}{t+n-1}}1.$

LXXX. Suppofons donc maintenant & en premier lieu, une fuite d'emprunts rémbourfables chacun par 34 annuités de 9 pour 100; dans chacun defquels les rentiers replacent pendant quelques années de fuite, leurs rentes; & fuppofons que lorfqu'il n'y aura plus de nouveaux emprunts, ces mêmes rentiers accumulent au 5 pour 100 tous les différens payemens annuels qu'on leur fera.

On fubftituera dans la formule ci-deffus 0,09 à la place de a; 0,05 au lieu de i, ou 1,05 au lieu de q; on fera $t=34$; & n fucceffivement 1, 2, 3, &c., & l'on trouvera pour f, & pour y les valeurs qu'on voit dans la table fuivante.

Table

Nombre n d'emprunts successifs, remboursables chacun par 34 annuités de 9 p. 100.	Temps t+n−1, au bout duquel les annuités seroient toutes payées.	Montant f de l'accumulation des rentes & de leurs intérêts au 5 pour 100.			Intérêt y auquel il auroit fallu faire fructifier le capital 100 liv. pour avoir eu la même somme que ci-contre.	Intérêt j que l'emprunteur supporte dans ces emprunts successifs.
1. . . .	34. . . .	765 liv.	12 f.	1 d.	6,1696 pour 100. . .	
2. . . .	35. . . .	825	10	2	6,2165.	
3. . . .	36. . . .	890	7		6,2617.	
4. . . .	37. . . .	960	11	7	6,3053.	
5. . . .	38. . . .	1036	12	3	6,3476.	
6. . . .	39. . . .	1118	19	4	6,3880.	toujours
7. . . .	40. . . .	1208	3	4	6,4273.	8,42445 , soit
8. . . .	41. . . .	1304	16	9	6,4654.	$8\frac{4\ 11}{45}$ p. %.
9. . . .	42. . . .	1409	12	3	6,5024.	
10. . . .	43. . . .	1523	3	8	6,5383.	
11. . . .	44. . . .	1646	6	1	6,5732.	
13. . . .	46. . . .	1924	12		6,6400.	
16. . . .	49. . . .	2436	17	11	6,7340.	
17. . . .	50. . . .	2637	10	2	6,7637.	
33. . . .	66. . . .	9593	16	4	7,1594.	
34. . . .	67. . . .	10414	7	6	7,1800.	
					Ainsi de suite, sans pouvoir jamais obtenir l'intérêt 8,42445. p. 100.	

Conféquences

LXXXI. Cette table n'a point été dreſſée dans l'intention de diminuer de beaucoup la charge de l'emprunteur, mais pour s'aſſurer que, les prêteurs ne pouvant replacer la rente au même intérêt que l'emprunteur ſupporte, le moyen d'obtenir ce profit d'intérêt eſt d'avoir une ſucceſſion continuée d'emprunts, & non pas une rente perpétuelle.

LXXXII. Et pour ſe convaincre qu'il vaudroit mieux pour les uns & pour les autres, que le nombre des payemens fût plus petit, & les emprunts plus fréquens; ſuppoſons d'un côté un emprunt unique rembourſable par 50 annuités de 9 pour 100; & de l'autre une ſuite

O

d'emprunts annuels ; rembourfables chacun par 34 annuités auffi de 9 p. ⅔, dans lefquels (pour fimplifier)
les feuls prêteurs auront le droit de replacer feulement
les rentes que le débiteur leur payera chaque année. Je
dis que, fi ce débiteur s'engage à faire feulement fix
emprunts de fuite ; il y aura, pour ceux qui s'intérefferont à cette fuite d'emprunts, un bénéfice réel, que n'auront pas ceux qui s'intérefferont à l'emprunt unique de
50 annuités.

Condition
des prêteurs. LXXXIII. En effet, l'annuité 9 p. ⅔. reçue & placée
à 5 p. ⅔ pendant 50 ans, produit pour chaque 100 liv.
de capital une fomme =1884 liv. 3 f. 5 den. ; mais le
montant des payemens des fix emprunts qui, par la
table, eft de 1118 liv. 19 f. au bout de (34+5) ans,
étant placé encore au 5 p. ⅔ pendant 11 ans, ce qui
fait en tout 50 ans, deviendroit égal à 1913 liv. 15 f.
9 den. ; or, cette fomme étant de 29 liv. 12 f. 4 d. plus
forte que la première 1884 liv. 3 f. 5 den., cela fait voir
que les prêteurs intéreffés aux fix emprunts, auront
gagné de plus que les autres, au bout de 50 ans, 29 liv.
12 f. 4 den. par chaque 100 liv. de capital prêté ; puifqu'ils n'auront pas donné un plus grand capital dans
cette fuppofition que dans l'autre.

Mais s'il n'y avoit que 5 emprunts fucceffifs, on auroit au bout de 50 ans, 1861 liv. 11 f. 6 den., & les
prêteurs auroient perdu au contraire 22 liv. 11 f. 11 d.
fur chaque 100 liv. prêtées.

Avantage
pour l'em-
prunteur. LXXXIV. Je paffe à l'examen des avantages qu'y
trouveroit auffi le débiteur.

On voit d'abord qu'en faifant tel nombre d'emprunts

que ce foit, rembourfables par 34 annuités de 9 p. $\frac{0}{0}$, il
n'eft obligé de faire valoir les réfidus annuels de l'em-
prunt qu'au 8,42445, foit au 8.$\frac{14}{33}$ p. $\frac{0}{0}$; tandis que pour
payer pendant 50 ans cette même annuité, il faudroit
qu'il fît valoir au 8,8716, foit 8 $\frac{14}{16}$, les réfidus annuels de
cet autre emprunt. Or, ces réfidus annuels des mêmes
capitaux ne font pas égaux de part & d'autre dans les
deux fuppofitions d'emprunts; car, dans la fuite d'emprunts, la dette au bout de 6 ans eft confidérablement
augmentée par l'accumulation des arrérages & de leurs
intérêts compofés, tandis que dans l'emprunt unique
de 50 annuités, la dette au bout de 6 ans feroit au
contraire diminuée par l'amortiffement annuel qu'opé-
reroient les payemens des annuités. D'un autre côté,
le débiteur feroit délivré onze ans plutôt du poids de
la dette, dans la fuppofition des emprunts fucceffifs,
ce qui forme une complication, qui ne laiffe pas facilement voir fans calcul l'avantage ou le défavantage du
débiteur dans ces fortes de converfions. Remarquant
donc que toute fomme qui eft entre les mains d'un
emprunteur, devant être cenfée lui rapporter un certain
intérêt j pour 1, il feroit abfurde de prétendre eftimer
les profits & pertes, en ne confidérant que les valeurs
abfolues des fommes qui vont & viennent des caiffes
débitrices dans celles des prêteurs; & qu'il faut encore
faire attention aux époques où fe font ces tranfports
d'efpèces entre le débiteur & les rentiers; je vais, fous
ce point de vue, procéder à la comparaifon, relative-
ment à l'emprunteur, de ces deux formes d'emprunts
qu'on lui propofe de faire.

LXXXV. La condition du premier genre d'emprunt eſt que, pour 100 l. que l'emprunteur reçoit dans ce moment, il s'engage à payer pendant 50 ans l'annuité 9 , à commencer de la première année. Quelle eſt la valeur de cette charge au moment qu'il en contracte l'obligation ?

Une des formules des annuités m'apprend que le capital c qui repréſente dans ce moment la valeur des annuités à payer eſt $c = \frac{a(k^t - 1)}{jk^t}$, formule dans laquelle $k = 1 + j$, & $t = 50$ Si $j = 0,05$, cette formule devient $= 164,3032$; ſi $j = 0,06$; elle devient $= 141,8568$; ſi $j = 0,06\frac{1}{2}$ elle devient $= 122,1895$: ainſi, dans toutes ces ſuppoſitions plauſibles qu'on pourroit faire ſur l'intérêt, cette valeur eſt ſupérieure à 100 liv. que l'emprunteur reçoit ; ce qui doit être ; puiſqu'il faudroit qu'il fît valoir à $8\frac{14}{33}$ p. 0. dans ce premier emprunt, pour que les 100 liv. des prêteurs fuſſent ſuffiſantes.

Lors donc qu'un emprunteur prend des capitaux pour les rembourſer par 50 annuités de 9 p. 0. , il ne reçoit que 100 liv. pour ce qui lui coûte $164\frac{10}{33}$, ou $141\frac{6}{7}$, ou $122\frac{18}{33}$; ſuivant que l'intérêt auquel il fait valoir ſes fonds eſt le 5, le 6 ou le $6\frac{1}{2}$ p. 0. Ainſi , s'il ne peut faire valoir les fonds de cet emprunt à un plus fort intérêt , ſa perte peut dans un ſens s'exprimer par $64\frac{10}{33}$, $41\frac{6}{7}$, ou $22\frac{18}{33}$ p. 0. de la ſomme empruntée ; puiſqu'enfin , ces valeurs là, il doit les trouver quelque part , au moment qu'il fait l'emprunt , pour pouvoir remplir les ſuites de ſon engagement.

LXXXVI. La condition du ſecond genre d'emprunt eſt de faire de ſuite 6 emprunts rembourſables par des annuités, de 9 p. ⅔. pendant 34 ans. Que les fonds de ces six emprunts soient pour le premier, par exemple, 100 l. & pour les 5 suivants, ce que l'emprunteur pourroit devoir aux prêteurs pour les rentes de l'année qui vient de s'écouler; tellement que les payemens effectifs ne commencent qu'à la fin de la sixième année, & qu'il y ait 5 ans arriérés.

Soient A, B, C, D, E, F les capitaux des six emprunts; l'emprunteur s'engage donc à payer effectivement, & à commencer dans 6 ans.

1°. L'annuité $F \times \frac{9}{100}$ pendant 34 ans; 2°. l'annuité $E \times \frac{9}{100}$ pendant 33 ans; 3°. l'annuité $D \times \frac{9}{100}$ pendant 32 ans; 4°. l'annuité $C \times \frac{9}{100}$ pendant 31 ans; 5°. l'annuité $B \times \frac{9}{100}$ pendant 30 ans; 6°. l'annuité A pendant 29 ans.

Les valeurs A, B, C, D, E, F, ont déjà été découvertes généralement; mais pour plus de clarté cherchons à les obtenir ici en particulier d'une autre manière.

D'abord $A = 100$; $B = 100 \times \frac{9}{100} = 9$; ensuite $C = B + B \times \frac{9}{100}$ $= 9 \times \frac{109}{100}$; $D = C + C \times \frac{9}{100} = 9 \left(\frac{109}{100}\right)^2$; $E = D + D \times \frac{9}{100}$ $= 9 \times \left(\frac{109}{100}\right)^3$; $F = E + E \times \frac{9}{100} = 9 \left(\frac{109}{100}\right)^4$.

Donc les annuités à payer pendant 29, 30, 31, 32, 33 & 34 ans, sont respectivement.

$100 \times \frac{9}{100}$; $9 \times \frac{9}{100}$; $9 \times \frac{9}{100} \times \frac{109}{100}$; $9 \times \frac{9}{100} \times \left(\frac{109}{100}\right)^2$; $9 \times \frac{9}{100}$ $\times \left(\frac{109}{100}\right)^3$; $9 \times \frac{9}{100} \times \left(\frac{109}{100}\right)^4$.

Il faut chercher leurs valeurs au commencement de du dernier emprunt, par la formule citée ci-dessus, puis additionner ces valeurs; enfin, multiplier la somme par $\frac{1}{k^5}$ suivant la règle pour l'escompte, puisque chaque payement est arriéré de 5 ans: le produit donnera exac-

tement la valeur préfente *c* des engagemens que l'emprunteur contraĉte par cette feconde fuppofition ; valeur
qui comparée comme celle ci-deffus avec 100 liv. qu'il
reçoit, donnera l'eftimation de fa perte.

Faifant donc ces calculs, on trouvera 1°. que fi l'em-
prunteur fait valoir les fonds au 8 $\frac{44}{11}$ p. $\frac{0}{0}$. pendant 39
ans, il n'aura befoin de rien ajouter au capital 100 l.
2°. que s'il fait valoir au 6 $\frac{1}{2}$ p. $\frac{0}{0}$., il fera obligé d'ajouter
20,7174 ou 20 $\frac{11}{27}$ au capital 100 liv.; tandis que dans
l'emprunt unique de 50 annuités, il étoit obligé d'a-
jouter 22 $\frac{18}{37}$ au même capital, pour que, les faifant fructifier enfemble, il eût de quoi remplir fon engagement.

Si l'on établit le calcul fur les intérêts 6 & 5 p. $\frac{0}{0}$, on
trouvera, il eft vrai, qu'il feroit obligé d'ajouter quelque
chofe de plus à ce capital primitif que dans la première
fuppofition d'emprunt : car fa charge à l'intérêt 6 feroit de 142,4807 liv. $>$ que 141,8568, & fa charge à
l'intérêt 5, feroit 166,8890 $>$ que 164,3032 ; mais cette
différence vient uniquement de ce que le nombre 34 des
annuités eft un peu plus grand qu'il ne faudroit pour
que les profits des prêteurs fuffent parfaitement égaux
dans ces deux fuppofitions d'emprunts ; car on peut
fentir, & on verra ci-après, que dans tous les cas de
l'égalité de gain pour les prêteurs, la charge de l'emprunteur fera toujours la même =164,3032, s'il fait valoir au même intérêt 5 p. $\frac{0}{0}$, que les prêteurs accumulent ; & que fa charge diminuera à mefure que, dans
l'une & dans l'autre fuppofition d'emprunt, il fera valoir à un intérêt plus fort.

LXXXVII. Voici une table qui montre ce qui réfulteroit,

fi au lieu d'un emprunt de 50 annuités de 9 p. $\frac{0}{0}$, & de fix emprunts de 34 annuités, on en faifoit 9 de 28 $\frac{41}{46}$ annuités ou 21 de 21 $\frac{27}{28}$ annuités, &c.

I.	II.	III.	IV.	V.	VI.	VII.	VIII.
Nombre t d'annuités, ou temps pendant lefquels l'annuité 9 p. 100 doit être payée dans chaque rembourfement.	Nombre n d'emprunts fucceffifs	Durée $(t+n-1)$ des payemens.	Intérêts y auxquels le prêteur fe trouve avoir placé fon capital au bout de la durée $t+n-1$ des payemens.	Sommes f accumulées au f pour 100 à la fin des payemens.	Montant M des mêmes fommes f avec les intérêts depuis le temps $t+n-1$ jufqu'à $T=50$ ans.	Intérêt j auquel l'emprunteur devroit pouvoir placer pour ne rien perdre.	Charge C de l'emprunteur s'il ne peut faire valoir qu'au 6 p. 100 le capital 100 liv.
ans mois j.		ans mois j.		liv. f. d.	liv. f. d.		
50	1	50	6,048 p. 100.	1884 3 4	toujours 1884 3 4	8,8716 p. 100.	141,8568 liv.
. . . .	. . . .	. . . .	. . . . .	. . . . .	de même que	. . . . .	. . . . .
32 11 19	6	37 11 19	6,38047	1047 12 10	les profits	. . . . .	140,5880
. . . .	. . . .	. . . .	. . . . .	. . . . .	d'intérêts au	. . . . .	?
30 15	8	37 15	6,4170	1001 4 8	6,048 p. 100.	. . . . .	. . . . .
28 10 21	9 *	36 10 21	6,4229 *	993 18 7	. . . . .	8,03975	138,7562
27 10 22	10	36 10 22	6,42276	994 1 6	. . . . .	. . . . .	?
21 11 17	21	41 11 17	6,25	1273 1 3	. . . . .	6,93716	126,8718

Les nombres de la 5e. colonne ont été calculés par la formule $f = \frac{ac}{i(a-i)}[(1+a)^{n-1}(q^t(a-i)-a)+iq^{n-1}] = \frac{M}{q^{T-(t+n-1)}}$;

M étant le montant, ou la valeur de f, au bout de la 50eme année; & T étant ici $= 50$, durée du remboursement à convertir : d'où l'on tire $M = cQ^T = fq^{T-(t+n-1)} = \frac{acq^{T-(t+n-1)}}{i(a-i)}[(1+a)^{n-1}(q^t(a-i)-a)+iq^{n-1}]$, &

$t = \frac{Laq^{T+1}(a(1+a)^{n-1}iq^{n-1}) - L[(aq^{T+1}(1+a)^{n-1}\frac{M}{c}iq^n)(a-i)]}{Lq}$.

La charge c des engagemens que l'emprunteur contracte, & dont les valeurs font contenues dans la 8eme. colonne, fe trouvera en divifant la valeur de f par

$k^{\iota+n-\iota}$ (k étant $= \iota+j$ & j l'intérêt auquel il fait valoir les fonds) ; puifqu'il n'auroit qu'à faire valoir le quotient à l'intérêt j, pour avoir de quoi fatisfaire les prêteurs. Ainfi l'on a

$$\mathbf{C} = \frac{ac}{i(a-i)k^{\iota+n-\iota}}\left[(\iota+a)^{n-\iota}(q^{i}(a-i)-a)+iq^{n-\iota}\right]=\frac{f}{k^{\iota+n-\iota}}$$

D'où il eft manifefte que fi k eft $>$ que q, la charge de l'emprunteur fera plus petite que la valeur préfente de la fomme f pour les prêteurs ; ou que $\frac{f}{k^{\iota+n-\iota}}$ fera $<$ que

$\frac{f}{q^{\iota+n-\iota}}$, valeur des contrats dans les mains des prêteurs qui doit être ici la même dans les deux fuppofitions d'emprunts ; il eft manifefte, par conféquent, que plus on diminuera le nombre des annuités en augmentant le nombre des emprunts, plus on diminuera la charge réelle de l'emprunteur, s'il fait valoir à un plus haut taux d'intérêt que celui auquel les prêteurs accumulent ; tandis que fi $k=q$, la charge feroit toujours la même pour lui, dans toutes les fuppofitions poffibles d'emprunts.

Limite dans le nombre des emprunts.

Mais ces fuppofitions poffibles ont une limite ; car, comme il faut que le profit d'intérêt $\varrho^{\iota+n-\iota}$ foit tel, que le montant des intérêts $c\varrho^{\iota+n-\iota}\times q^{\tau-(\iota+n-\iota)}$, ou que fon efcompte $\frac{c\varrho^{\iota+n-\iota}}{q^{(\iota+n-\iota)-\tau}}$ donne toujours pour réfultat la fomme M au bout du temps τ ; & comme les fucceffions d'emprunts continuées à l'infini ne feroient que leur foutenir un profit d'intérêt égal à l'intérêt que l'emprunteur fupporte en payant le nombre t d'annuités qui compofent chaque rembourfement, on doit bien fentir que ce nombre t des annuités à un dernier terme pof-

fible

fible de diminution $>$ que $\frac{La - L(a-ci)}{Lq}$; & qu'après ce terme, quelque répétition que l'on fît de cet emprunt, les prêteurs ne pourroient pas trouver le gain qu'ils auroient fait par les 50 annuités, & même pourroient perdre. Mais je trouve, par un raifonnement bien fimple, que la durée des payemens de chaque emprunt peut être telle que l'emprunteur ne fupporte qu'un peu plus de l'intérêt auquel les prêteurs accumulent ; car s'il leur foutenoit, par de telles fuites d'emprunts, les profits

> 1,058726 jufqu'au bout de 60 ans,
> 1,057445 jufqu'au bout de 70 ans,
> 1,056538 jufqu'au bout de 80 ans,
> 1,055809 jufqu'au bout de 90 ans,
> 1,055227 jufqu'au bout de 100 ans ;

on trouveroit en prenant l'efcompte au 5 p. $\frac{0}{0}$ des fommes que donneroient de tels intérêts, que la valeur de ces fommes étoient à 50 ans $= (1,06048)^{10} = 18,8417$ liv. : d'où naît une conféquence affez frappante : c'eft que l'on pourroit, par des fucceffions d'emprunts faits de cette manière, abaiffer l'intérêt fupporté par le débiteur, qui doit payer pendant long-temps de fortes annuités, prefque jufqu'au taux de l'intérêt ordinaire ; & cela, en donnant aux créanciers un plus grand profit que celui qu'ils retireroient par les rentes viagères. Et quel inconvénient les capitaliftes pourroient-ils trouver dans le nombre des prêts fucceffifs ? Puifqu'il ne s'agit ici que de l'argent qu'on accumule, & que *chaque année* ils feroient les maîtres de faire ce qu'ils jugeroient à propos. Ce feroit, ce me femble, au con-

On peut abaiffer prefque à volonté l'intérêt fupporté par l'emprunteur.

P

traire, le moyen de réunir de plufieurs manières la per-manence des profits à leur folidité.

LXXXVIII. On pourroit encore faire ufage ici de la plus petite racine de l'équation $aq^T - iQ^T - a = 0$; la-quelle, pour le cas dont nous nous occupons, eft $= 26,0758$ ans, c'eft-à-dire, qu'on pourroit fuppofer que l'annuité eft due feulement pendant 26 ans 27 $\frac{8}{27}$ j. foit 26 ans; car il eft certain que, fi l'on foutient aux prêteurs le profit 0,06048 jufqu'au bout de 26 ans, & qu'ils reprêtent la fomme ou *la valeur* de la fomme accumulée; ils fe trouveront avoir eu, pendant 52 ans, leur argent placé au même intérêt auquel ils ne pouvoient prétendre qu'au bout de 50 ans. Mais ici, nous avons trouvé que l'intérêt fupporté par l'emprunteur eft déjà baiffé du 8 $\frac{14}{39}$ au 7 $\frac{7}{10}$ p. $\frac{0}{0}$; ainfi, il n'y auroit pas be-foin de beaucoup d'emprunts fucceffifs pour le baiffer davantage.

Si l'on fait cinq emprunts fucceffifs, dont chacun foit rembourfable par 23,102, foit 23 $\frac{4}{39}$ annuités de 9 p. $\frac{0}{0}$, ou dont chaque rembourfement dure pendant 23 ans 1 m. 7 j.; les prêteurs auront pour montant de l'accumulation, au bout de 27 ans 1 mois 7 jours, $100 \times (1,060069)^{27,102} = 486,119$; fomme dont la valeur, au bout de 26 ans 27 j. eft $= 100 \times 1,06048^{26,0758} = 462,379$; & l'emprunteur, au lieu de fupporter le 8 $\frac{14}{39}$, ne fup-porteroit que le 7 $\frac{6}{15}$.

Si l'on faifoit dix emprunts, rembourfables chacun par 21,053, foit 21 $\frac{5}{94}$ annuités de 9 p. $\frac{0}{0}$, ou pendant 21 ans 19 jours; les prêteurs auroient au bout de 30 ans 19 jours la fomme $(1,059187)^{30,053} \times 100 = 561$ liv.

7 f. 11 ¾ d. pour 100 liv. de capital ; fomme, dont la valeur au bout de 26 a. 27 j. étoit $= 100 \times (1,06048)^{26,055}$ $= 462$ liv. 7 f. 7 d. ; & l'emprunteur ne fupporteroit plus que le 6 $\frac{44}{61}$ p. $\frac{0}{0}$.

Si l'on faifoit 15 emprunts, rembourfables chacun par 19,8325, foit 19 $\frac{5}{6}$ annuités de 9 p. $\frac{0}{0}$., ou pendant 19 ans 10 mois ; les prêteurs auroient au bout de 33 ans 10 m. le montant $100 \times (1,058068)^{33,8325} = 675$ liv. 1 f. 7 $\frac{17}{41}$ d. ; dont la valeur à 26 ans 27 j. eft $= 100 \times (1,06048)^{26,0758} = 462$ l. 7 f. 7 d. , & l'emprunteur ne fupporteroit plus que le 6 $\frac{16}{75}$ p. $\frac{0}{0}$. ; ainfi de fuite.

LXXXIX. Mais puifque nous avons trouvé, N° LXXVIII, qu'il fuffiroit de foutenir aux prêteurs le profit d'intérêt 6,048 p. $\frac{0}{0}$. feulement jufqu'à 49,1317 ans, & qu'on pourroit le faire, en leur payant pendant ce temps l'annuité 8,95983 p. 100 ; il eft manifefte que l'on pourroit avec moins d'emprunts fucceffifs, abaiffer un peu plus que nous ne l'avons fait dans la table du N°. LXXXVII l'intérêt que l'emprunteur fupporte.

XC. Et en général, il fuit des effais expofés ci-deffus, que *Récapitulation.* pour tirer le meilleur parti des rentes viagères, il faudroit, 1°. confidérer le montant de l'accumulation de cette rente, à l'intérêt ordinaire du commerce, *en partant de l'âge qu'ont les rentiers au moment de cette nouvelle fpéculation.*

2°. Chercher quel feroit le *maximum* de profit d'intérêt $\varrho - 1$, que pourroit donner une fois cette rente viagère, à compter toujours depuis le même âge, & au bout de quel temps t ce *maximum* aura lieu.

3°. Calculer le temps $t + x$ pendant lequel il devroit être foutenu, pour que, placé enfuite à l'intérêt ordi-

naire, jufqu'au moment où toutes les têtes rentées
feront mortes, les rentiers euffent le même montant
d'accumulation que par la rente viagère.

XCI. Cela étant fait, il ne reftera plus qu'à chercher
la manière de foutenir ce *maximum* d'intérêt jufqu'à
ce temps $t+x$, de la manière la plus convenable felon
les circonftances où l'on fe trouve, ce qu'on pourroit
faire, felon les effais ci-deffus.

1°. Par des prêts annuels du capital & des intéréts
au taux du *maximum*. (Voyez le N°. LXIII.)

2. Ou en divifant le temps $t+x$ en plufieurs époques:
car on pourroit faire jouir les prêteurs, à chacune des
époques, du *maximum* d'intérêt; en leur rembourfant
d'abord la rente viagère par des annuités dont la durée
feroit égale à une de ces portions du temps $t+x$. Les
rentiers reprêteroient enfuite le montant de l'accumulation des annuités, qu'on leur rembourferoit comme la
rente viagère; ainfi de fuite jufqu'au temps $t+x$. (Voy.
le N°. LXX.)

3°. Au lieu de répéter les emprunts de cette manière, on pourroit les faire fucceffifs; & c'eft le moyen
qui paroît le plus puiffant entre ceux que les annuités
conftantes offrent pour diminuer autant que l'on voudra l'excès de l'intérêt que l'emprunteur fupporte par
les rentes viagères, fur le taux ordinaire, & pour augmenter en même temps l'excès du taux d'intérêt dont
jouiffent les prêteurs fur le taux ordinaire. (Voyez les
N°s. LXXI, LXXIX & fuivans.)

XCII. Par cette fpéculation, l'emprunteur & les prêteurs trouveroient un plus grand avantage que par les

rentes viagères de 8, 9, 10 p. $\frac{o}{o}$.; & tout cela, loin d'être paradoxal, repose sur le fondement le plus commun & le plus solide, dès que l'on admet, comme cela est très-naturel, que l'emprunteur peut faire valoir à un taux d'intérêt un peu au-dessus de l'intérêt ordinaire; & dès qu'on reconnoît qu'il y a dans ces rentes viagères un *chômage* d'argent. (V. les N°s LXIV & LXV).

XCIII. On pourroit même, comme je l'ai déjà fait voir (Note 21) substituer aux rentes viagères qui existent, d'autres rentes viagères moins onéreuses à l'emprunteur : car puisqu'il ne s'agit que de soutenir, pendant un certain temps, aux prêteurs le *maximum* de profit d'intérêt que donne la rente viagère; elles peuvent être payées pendant beaucoup moins de temps que n'est la durée totale de la vie humaine, pourvu que les rentiers reprêtent l'accumulation. Je remarquerai de plus ici que lorsque, pour payer un tant pour 100 de viager sur une tête, l'emprunteur supporte le 10 p. $\frac{o}{o}$., il ne supporteroit plus que le 9, le 8, le 7, le 6, le 5 pour $\frac{o}{o}$., si la rente, au lieu d'être constituée sur des têtes âgées de; elle étoit constituée sur des têtes âgées de

Substition d'autres rentes viagères à celles établies.

âgées de					
10 ou 11 ans;	41,	48$\frac{1}{2}$,	53$\frac{1}{2}$,	57$\frac{1}{2}$,	60$\frac{1}{2}$ ans.
20.	43,	50,	55,	58$\frac{1}{2}$,	61$\frac{1}{2}$.
30	45,	50$\frac{3}{4}$,	56,	59,	62.
40	48,	54,	58,	61,	63.
50	55$\frac{1}{2}$,	59,	62,	64,	66.
60	62$\frac{1}{2}$,	64$\frac{1}{2}$,	66$\frac{1}{2}$	68,	69$\frac{1}{2}$; &c.

On trouveroit, de même, que lorsque l'emprunteur supporte le 8 p. $\frac{o}{o}$., il ne supporteroit plus que le 7, le 6, le 5, le 4, le 3 pour 100; fi la rente, au lieu d'être conftituée fur des têtes

âgées   elle étoit conftituée fur des têtes âgées de 10 ans; de 39, 47, 52, 56, 59 ans.

. . . .

de 50 ans;   55, 59, 62, 68, 69.

Ainfi, fuppofons qu'il dût une rente viagère de 10 pour 100 fur l'âge de 10 ou 11 ans; dans ce cas il fupporteroit au moins le 9 pour 100 d'intérêt, en fuivant l'ordre de M. de Parcieux; mais il ne fupporteroit que le 8 pour 100, s'il la payoit fur des têtes de $40\frac{1}{2}$ ans; le 7 fur des têtes de 48; le 6 fur des têtes de 53 ans; &c.

Le *maximum* de profit d'intérêt, ainfi que les profits d'intérêts faits au moment de la mort des derniers rentiers font, à la vérité, un peu plus grands dans le premier de ces cas que dans tous les autres; mais la rente viagère pouvant être croiffante, felon une infinité de loix, avec la durée de la vie de chaque tête rentée, il feroit facile de faire enforte que les *maxima* des profits fuffent égaux dans plufieurs de ces différens cas, & cela, en abaiffant de plus en plus l'intérêt que l'emprunteur fupporte. On parviendroit auffi au même but en limitant, à une certaine époque, la durée de la rente fur l'âge de dix ans, & fubftituant de nouvelles rentes viagères, créées à cette époque, aux annuités dont j'ai fait ufage (Nos.LXX, LXXI, &c.)

Conclufion.   XCIV. Voilà, ce me femble, quelques idées & quelques moyens pour faire des emprunts moins onéreux à l'emprunteur, & plus avantageux aux créanciers accumula-lateurs, que ne le font des emprunts remboursables par des rentes viagères de 8, 9 & 10 pour 100, de la forme ufitée; & j'ofe croire que ces confidérations ne font pas à négliger dans les *emprunts à venir.* Quant à ceux déjà faits, le débiteur ne pourroit-il pas dire à fes créanciers?

J'ai contracté avec vous une dette remboursable par des rentes viagères. Vous confommez une partie de vos rentes, l'autre partie, vous l'accumulez pour reformer vos capitaux, & pour faire des profits; ne parlons que de cette feconde partie. Les plus grands profits que vous puiffiez faire par les rentes viagères ne font pas bien grands; ils confiftent en quelques unités *pour mille*, de plus que l'intérêt ordinaire du commerce. Cependant vous courez toujours les hafards de mortalité, & pour vous faire jouir feulement de fi modiques profits, fous la forme actuelle d'emprunt ou de remboursement, ma charge eft bien fupérieure à vos avantages. Or, il eft une infinité de formes de remboursement, qui, non feulement diminueroient pour moi cette charge, mais qui augmenteroient encore vos profits, & délivreroient votre attente, foit entiérement, foit en partie, du rifque de mortalité. Il ne s'agit point de m'endetter davantage il ne s'agit que d'un *ordre économique à établir dans les époques des payemens*, d'un arrangement qui n'éloigne-roit pas le moment de votre remboursement complet, qui l'approcheroit au contraire, quoiqu'il ne tînt qu'à vous de l'éloigner enfuite pour augmenter encore vos profits. Enfin, d'un arrangement où mon avantage auffi palpable que le vôtre, ne peut qu'augmenter votre

Expofé des motifs à faire ces échanges.

confiance, & qu'ajouter la *permanence* des profits à leur folidité.

Après ces confidérations générales préfentées d'une façon analogue aux circonftances, cet emprunteur pourroit offrir aux prêteurs des calculs femblables à ceux qui font expofés dans ce Mémoire, & préférant les plus convenables, eu égard à la grandeur de la rente & à l'âge des têtes, il finiroit par laiffer le choix du tout à la libre détermination des intéreffés.

Au refte, je fens trop combien de connoiffances & combien d'expérience il feroit néceffaire de réunir à l'activité du génie pour propofer & appliquer convenablement de pareils moyens. Qu'il me fuffife donc d'avoir indiqué ce petit nombre de fpéculations élémentaires, auxquelles il ne paroît pas qu'on ait penfé jufqu'à préfent. Mais en terminant ce Mémoire, je prie que l'on ne m'attribue pas la perfuafion d'en avoir épuifé le fujet; je connois les imperfeftions de ce premier effai, & j'efpère qu'il me fournira de nouvelles occafions de m'inftruire. Si quelque jour, foit par un redoublement d'efforts de ma part, foit par une autre main plus heureufe, je peux voir achever la recherche que j'ai commencée, mon but fera rempli, & je ferai vraiment fatisfait. En attendant je dirai à mes lecteurs avec Ovide :

> *Da veniam fcriptis, quorum non gloria nobis*
> *Cauffa, fed utilitas, officiumque fuit.*

TABLE

T A B L E

Des Matières contenues dans le Texte.

Q

Suppofition qui fert de fondement aux moyens propo-
fés. —2°. Par des annuités égales à la rente —Plus petites ou plus grandes —Règle pour produire cet effet de la
manière la plus avantageufe à l'emprunteur — Exemple
d'une rente viagère fur deux têtes — Converfion en
une annuité de 50 ans — ou en deux de 25 — (Manière
la plus avantageufe de partager la durée d'une annuité)—
Autres effais — Moyen précis — 3°. Par des emprunts
fucceffifs — Avantage pour l'emprunteur — Eftimation
de fa charge dans un emprunt unique — Dans des emprunts fucceffifs — Limite dans le nombre des emprunts — On peut abaiffer prefque jufqu'au taux ordinaire l'intérêt fupporté par l'emprunteur fans diminuer l'avantage du prêteur.

Récapitulation, pag. 115. Subftitution d'autres rentes
viagères à celles établies — Expofé des motifs pour
faire ces échanges, & *conclufion.*

T A B L E

Des Matières contenues dans les Notes.

ERRATA.

Page 8. en marge près de la note , *ajoutez* Fig. 2.

Page 16 , *ligne* 11 , *lisez* $[\ ap(1-e)-i]=0,048$.

Page 31 , *ligne* 7 , payé , *lisez* payée.

Page 33 , en marge près de la note , *ajoutez* Fig. 4.

Page 41 , *ligne* 11 , *ajoutez* $m=1$

Page 49 , *ligne* 13 , prifmes , *lisez* primes.

Page 54 , *ligne* 7 , expofés , *lisez* expofées.

Page 57 , *ligne* 1 , le calcul , *lisez* l'ordre.

Page 65 , dernière colonne , *ligne* 3 , annuités , *lisez* annuités.

N°. XLI , *ligne* dernière , 6e , *lisez* de.

Page 76 , *ligne* 13 , pourroient , *lisez* pourroit.

Page 83 , *ligne* 14 , fous autre , *lisez* , fous un autre.

Page 94 , *ligne* 25 de la note , au lieu ces , *lisez* au lieu de ces.

Page 103 , *ligne* 22 , on , *lisez* ou.

Page 109 , *lignes* 26 & 27 , de du dernier , *lisez* de la durée du dernier.

FIN.

PROSPECTUS.

JE propose, par souscription, un Cours de Mathema-
tiques a l'usage du Commerce et des Finances,
lequel est divisé en trois parties ; l'une purement
arithmétique & tabulaire ; la seconde, algébrique; &
la troisième, géométrique & transcendante.

Cet Ouvrage consiste en deux volumes *in*-4°. J'y
passe en revue, & j'expose, avec remarques, toutes les
différentes opérations du commerce, telles que les calculs d'intérêts simples & composés, d'escomptes, de
règles de compagnie, de changes & arbitrages, &c.
J'y résouds des problèmes de différens degrés sur différentes spéculations ou opérations de banque & de
finance. Je traite ensuite des rentes à terme fixe ou
annuités égales, croissantes & décroissantes ; des rentes
viagères sur une & sur plusieurs têtes ; des tontines,
des caisses de veuves & autres espèces de caisses d'é-
pargne ; des réversions, soit survivances ou valeurs des
rentes dont on ne peut jouir qu'après la mort d'une
ou de plusieurs personnes ; de la valeur des successions,
ou des rentes dont on peut faire jouir après sa mort
quelqu'autres personnes ; des assurances de vies, &c.

J'ai fait mes efforts pour exposer cette théorie avec
précision & avec clarté ; & cherchant plutôt à faire
un ouvrage utile, qu'un ouvrage entièrement neuf, j'ai
profité des travaux des Auteurs qui m'ont précédé, &
mis à contribution tous leurs ouvrages écrits en différentes langues, que j'ai pu me procurer.

PROSPECTUS.

Le prix de la foufcription eſt de 24 liv. de France, payables feulement en recevant les exemplaires. Les perfonnes qui feront dans l'intention de foufcrire, pourront dès ce moment, envoyer (*franc de port*) leur engagement figné , à l'Auteur , (à Paris , rue Poupée , n°. 6.) qui ne procédera à l'impreffion de fon ouvrage , que lorfqu'il aura un nombre de foufcriptions fuffifant pour en couvrir les fraix.

I.	II.	III.	IV.	V.	VI.	VII.	VIII.	IX.	X.	XI.	XII.	XIII.
pendant	Taux d'intérêt qu'on suppose en payant une rente de 10 pour 100.		Montant de l'accumulation d'une somme de 10 ôe pour 100, avec les intérêts fins intérêts au 1 pour 100.	Intérêts y auxquels il faudroit avoir placé le capital 100 liv. pour avoir une somme égale à celle du montant de 10 p. 100.	au bout de	Intérêts y auxquels il faudroit avoir placé le capital 100 liv. pour avoir une somme qui diminue une somme du montant d'une rente de 10 p. 100, accumulée avec les intérêts, au bout d'un même tems.	au bout de	Intérêts y auxquels il faudroit avoir placé et le capital 100 pour avoir une somme égale à celle du montant de la rente 10 p. 100 accumulée simplement sans intérêts.	au bout de	Montant d'une capital 100 liv. avec les intérêts sur les intérêts.		
			au bout de	au bout de						en 1 p. 100.	en 6 p. 100.	en 9 p. 100.

I & II.

ÉQUATION DE LA COURBE *ckh.*

$$k^{\frac{1}{i}}(1+a)k^i + a = 0 \; ; \; t = \frac{La - L'(a-j)}{Lk}$$

k étant $= 1 + j$

Sou-tangente s

$$\frac{j[k^i - k'(a-j)]}{(a-j)kLk} \text{ ou } \frac{j(kLk - (a-j)(La - L'(a-j)))}{(a-j)k(Lk)^2}$$

Sou-normale

$$\frac{j'a - j'^3kl.k}{k - (a-j)j} \text{ ou } \frac{j'a - j'^3l(a-j)l.k}{kLk - (a-j)[La - L'(a-j)]}$$

III, IV & V.

ÉQUATION DE LA COURBE *clo.*

$$y = -1 + \overset{v}{\sqrt{}}\left(\frac{a(q^{t-1}-1)}{i}\right)$$

Sou-tangente f.

$$\frac{itp(1+y)q^{t-1}}{q_i^2 Lq - (1+y)L(1+y)}$$

Sou-normale

$$\frac{y[itq^i Lq - i(1+y)^2 L(1+y)]}{q(1+y)q^{i-1}}$$

VI & VII.

ÉQUATION DE LA COURBE *cim.*

$$y' = -1 + \overset{v}{\sqrt{}}\left(\frac{at(t-1)+2}{2}\right)$$

Sou-tangente f

$$\frac{2y'(1+y')q^{t-1}}{a[i(2t-1)+2] - 2(1+y')^2 L(1+y')}$$

Sou-normale

$$\frac{y'[a(i(2t-1)+2) - 2(1+y')^2 L(1+y')]}{2t(1+y')^{i-1}}$$

VIII & IX.

ÉQUATION DE LA COURBE *cin.*

$$y'' = -1 + \sqrt{at}.$$

Sou-tangente f'.

$$\frac{y''t}{(1+y'')(1 - La - Lt)}$$

Sou-normale

$$\frac{y'' [(1+y'')(1 - La - Lt)]}{2t}$$

I & II.	III, IV & V.	VI & VII.	VIII & IX.
$t=0$ . . $j=-1$ . . . . . $s=-\infty$	Si $t=0$ . . . $y=-1$; $f=-\infty$	Si $t=0$ . . . . $y'=-1$, $f=-\infty$	Si $t=0$, $y''=-1$; $f'=-\infty$
$t=1$ . . $j=a-1$ . . . . $s=\frac{(a-1)^2}{aLa}$	$t=1$ . . . $y=a-1$; $f=\frac{-l(1-a)}{(qLq-La)}$	$t=1$ . . . $y'=a-1$; $f=\frac{-a(1+a)}{a(q+1)-2qLq}$	$t=1$, $y''=a-1$; $f'=\frac{-(1-a)}{a(1-La)}$
$t=2$ . . $j=\frac{a-1+\sqrt{(4a+aa)}}{2}$	$t=2$ . . . $y=-1+\overset{v}{\sqrt{}}\left(\frac{a(q^2-1)}{i}\right)$	$t=2$ . . . $y'=-1 \pm \sqrt{a(q+1)}$	$t=2$, $y''=-1 \pm \sqrt{2a}$
$t=3$. $j=\frac{1}{3}\overset{v}{\sqrt{\frac{1}{2}}}[(27+9a+2a^2)+9\sqrt{(9+4(4a+a^2)}]+ $ $+\frac{1}{3}\overset{v}{\sqrt{\frac{1}{2}}}[(27+9a+2a^2)-9\sqrt{(9+4(4a+a^2)}]-\frac{(3-a)}{3}$	$t=3$ . . . $y=-1+\overset{v}{\sqrt{}}\left(\frac{a(q^3-1)}{i}\right)$	$t=3$ . . . $y'=-1+\overset{v}{\sqrt{}}3aq$	$t=3$, $y''=-1+\overset{v}{\sqrt{}}3a$
	$t=4$ . . . $y=-1+\overset{v}{\sqrt{}}\left(\frac{a(q^4-1)}{i}\right)$	$t=4$ . . . $y'=-1+\overset{v}{\sqrt{}}2a(1q+i)$	$t=4$, $y''=-1 \pm \overset{v}{\sqrt{}}4a$
$t=\frac{La - L'(a \pm i)}{L(1-i)}, j=-i$			
$t=\frac{1}{a}$ . . $j=\mp 0$ . . . . $s=\mp 0$	$t=\frac{L(a+i)-La}{L(1+i)}$. $y=\mp 0$; $f=\mp 0$	$t=\frac{-(2-i)\pm\sqrt{[(2-i)^2+\frac{8i}{a}]}}{2i}$ $y'=\mp 0$ $f'=\mp 0$	$t=\frac{1}{a}$, $y''=\mp 0$ $f'=\mp 0$
$t=\frac{La-L'(a-i)}{L(1+i)}, j=+i$	$t=\frac{La-L'(a-i)}{L(1+i)}$. $y=+i$		
	Si $iq \overset{t}{=} a(q-1)$, $y=$ *maximum*, $f=\pm\infty$	Si $[at'(i(t-1)+2)]\overset{i(t-1)+2}{\underset{(2t-1)+2}{=}}e$, $y'=$ *maximum*, $f'=\pm\infty$	Si $t=\frac{t}{a}$, $y''=-1+(e)^{\frac{1}{a}}$, *maximum*
	$e=2.7182818$	$e=2.7182818$	$f'=\pm\infty$
$t=\infty$ . . $j=\pm a$ . . . $s=\pm\infty$	$t=\infty$ . . . $y=+i$ $f=-\infty$	$t=\infty$ . . . $y'=0$	$t=\infty$, $y''=0$ $f'=\infty$
Voyez les Numéros 6 & 11.	*Voyez les Numéros 13 & 16.*	*Voyez le Numéro 24.*	*Voyez le Numéro 26.*

Ce tableau présente les rélations des coordonnées dans les cas particuliers les plus remarquables ; celles qui ne peuvent pas se tirer immédiatement des équations aux courbes, ont été obtenues en suisant les valeurs des sou-tangentes ou sou-normales égales à zéro ou à l'infini. Je dois rappeller à mes Lecteurs, que les logarithmes sont ici hyperboliques, & je laisse à ceux d'entr'eux qui sont géomètres, à faire les différentes remarques qui se présentent & qu'il seroit trop long de détailler.

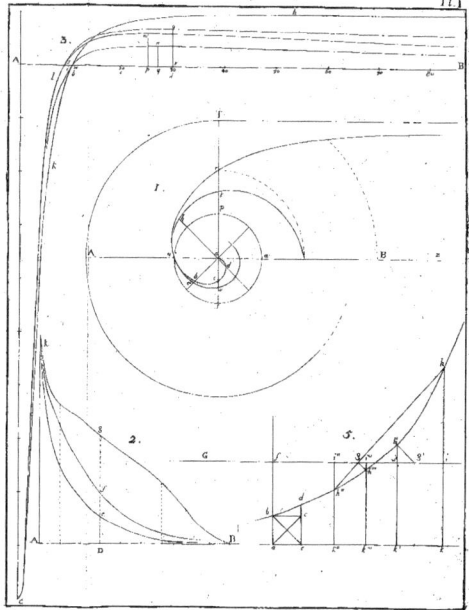

Pl. II

www.ingramcontent.com/pod-product-compliance
Lightning Source LLC
Chambersburg PA
CBHW071854200326
41519CB00016B/4376